Verlag

GEBRÜDER MOPED

Die Gebrüder Moped (Franz Stanzl und Martin Strecha-Derkics) sind Autoren für »Willkommen Österreich« (ORF), fixer Bestandteil der PULS-4-Sendung »Bist du deppert«, Buchautoren, Kolumnisten und Kabarettisten. Sie kuratieren in Wien den »Politischen Aschermittwoch im Kabarett« und die Villacher »Kabarett Koalition«. Die Mopeds sinnieren und singen, sie zündeln und zwitschern, sie stellen die Welt auf die Probe und den Rest auf den Kopf: politisch, persönlich, pikant. Letzte Veröffentlichung: Was macht der Kanzler eigentlich beruflich? (Milena, 2015)

Gebrüder Moped

HEUTE GEHÖRT UNS ÖSTERREICH UND MORGEN DIE GANZE SCHEIBE

MILENA

INHALT

INHALT

Dieses Buch widmen wir **Frauen und Kindern** zuerst.

DAS ÖSTERREICHISCHE TESTAMENT

»In principio creavit Deus Austriam.«
Moses

Am Anfang schuf Gott Österreich. Österreich aber war sperrig und ungemütlich. So sprach Gott: Es werde rund. Und es war rund. Und Gott sah, dass das Runde gut war und nannte das Runde Kreisverkehr. So schuf Gott das Burgenland.

Und Gott sprach: Es werde nass. Und es war nass. Und Gott sah, dass das Nasse gut war, nannte das Nasse See und versenkte darin neunzehn Milliarden Euro. Damals natürlich noch umgerechnet zweihunderteinundsechzig Milliarden Schilling. Kärnten war geschaffen.

Nachdem Gott sein Werk besehen hatte, sprach er zufriedenen Herzens: Passt. Das sollte reichen für eine theologisch anerkannte Schöpfung. Und Gott sprach: Und? Allein, keiner wollte Gottes Frage beantworten. So erkannte Gott nach wenigen Minuten göttlicher Ratlosigkeit, dass niemand zugegen war. Muss man hier denn alles selber schöpfen?, fluchte Gott und sprach: Dann lasset uns in Gottes Namen ein Wesen schaffen, das herrschen soll über die Kreisverkehre und Seen. Gottes Wort in Gottes Ohr. Gott schuf, was auf Gottes Hand lag: ein Wesen. Und weil Gott über wenig Vergleichbares verfügte, schuf er ein Wesen exakt ihm zum Bilde. Gott sah, dass das Wesen gut war und nannte das Wesen Österreicher. Und nachdem neben dem Österreicher unaufgefordert sogleich eine Österreicherin in der Gegend herumstand, war diese fortan mitgemeint.

Gott segnete, weil Götter bekanntlich alles segnen, das sie im Laufe ihres göttlichen Daseins so zusammenschöpfen, der Ordnung halber auch den frisch geschaffenen Österreicher, und sprach: Der Österreicher verdient Gottes Segen. Die mitgemeinte Österreicherin verdient naturgemäß ein bisschen weniger. Gott sprach zu beiden: So mehret euch und beschützt eure Leibesfrucht! Hortet euren Nachwuchs gewissenhaft in den tiefen Ebenen eures Bodens! So kam, was kommen musste: Gott schuf das Kellergewölbe und sah, dass das Kellergewölbe gut war. Den Boden über dem Kellergewölbe nannte Gott Niederösterreich.

So standen sie da, innehaltend und schweigend, Gott, der Österreicher und die mitgemeinte Österreicherin an jenem Ort, über den alle drei in trauter Eintracht zu urteilen vermochten: Das ist nicht der Garten Eden. Im Gegenteil. Das ist St. Pölten.

Weil der Österreicher aber auf sein ihm zustehendes Paradies hartnäckig bestand, schuf Gott ihm zuliebe kurzerhand ein heiliges Land. Und Gott sprach: Lasset jene eurer Nachkommen, die sich in diesem Land niederlassen werden, im ewigen Glauben seiner Heiligkeit leben! Denn sie werden Freude daran haben und diese Freude wollen wir ihnen nicht nehmen. Um die aus göttlicher Menschlichkeit benedizierten Bewohner vor dem Spott der restlichen Österreicher zu schützen, schuf Gott rund um das heilige Land eine Mauer aus hartem Fels und hohem Gestein. Tirol war geschaffen.

Gott betrachtete sein nunmehr umfassendes Werk. Und fluchte erneut: Verdammt, verschöpft! Kärnten und Tirol waren abgetrennt von Niederösterreich und dem Burgenland. Das ist keine Schöpfung. So schöpfte Gott weiter und weiter einen ganzen Tag lang unentwegt Gemeinde für Gemeinde und pflanzte sorgsam Land für Land zwischen die beiden Hälften seiner Schöpfungsfragmente: Oberösterreich, Salzburg, Steiermark. Fertig.

Und weil der Österreicher und seine mitgemeinte Österreicherin sich ein zynisches Lächeln Gott gegenüber nicht verkneifen wollten, strafte Gott sie mit einem Ort des Bösen inmitten ihres heimatlichen Niederösterreichs. Jene eurer Nachkommen, sprach Gott, die sich an diesem Orte ansiedeln werden, mögen euch ewig zur Weißglut bringen, wenn sie einst auf den Landstraßen der Schöpfung mit siebzig Kilometern in der Stunde vor euch dahinzuckeln werden, wenn bis zum jüngsten Gericht die Zeit verstreicht, ehe sie sich den Traktor vor ihnen zu überholen trauen. Gott schuf Wien.

Am Anfang schuf Gott Österreich. Und damit den Österreicher, die mitgemeinte Österreicherin und weitere nahezu neun Millionen Auserwählte, die Österreich als den Mittelpunkt seines göttlichen Universums erleben und verehren dürfen.

Rund um Österreich platzierte Gott eine schwammige Wolke bestehend aus siebeneinhalb Milliarden dem Österreicher und der mitgemeinten Österreicherin nur auf den ersten Blick ähnlichen Wesen. Gott schuf den Ausländer.

Irrtümlich siedelte Gott vierhunderttausend dieser Ausländer innerhalb Österreichs an. Doch Gott sprach: Was liegt, das pickt. Vorarlberg war geschaffen.

Nach Vorarlberg kam nichts.

DAS ÖSTERREICHISCHE WELTBILD

»In der Mitte von allem hat Österreich seinen Sitz.«
Nikolaus Kopernikus

Österreich dreht sich täglich einmal um sich selbst. Das Ausland bewegt sich um Österreich. Die Erde ist ein Konstrukt der Lügenpresse. Den sogenannten Mond haben gerade einmal ein paar vereinzelte Ausländer aus der Nähe gesehen. Die Sonne scheint, die Venus ist ein Hügel, Mars ein Schokoriegel und Pluto ein Hund.

DIE ÖSTERREICHISCHE RELATIVITÄTSTHEORIE

»Vertrauen ist gut, Österreich ist besser.«
Wladimir Iljitsch Lenin

Wenn Fremde sich mit dem Wohlbefinden von Österreichern beschäftigen, ist dies naheliegenderweise nur mit einer ausreichenden Portion heimattreuer Vorsicht zu genießen. Wagen wir dennoch den umsichtigen Blick in die bemühten Ergebnisse solcher Versuche. Eine Studie der Statistikbehörde Eurostat bezeugt, dass der Österreicher mit seinem Leben relativ zufrieden ist. Beachte: Wenn der Österreicher mit etwas relativ zufrieden ist, darf die ausländische Wolke diesen Umstand durchaus als höchste Euphorie interpretieren.

Am zufriedensten sind jene drei Millionen Österreicher, die am Wiener Zentralfriedhof liegen. Die haben es bereits hinter sich. Doch selbst unter den lebenden Wienern kommen die meisten mit ihrem Leben klar. Wenn es nur nicht allzu lange dauert. Jene aus den acht übrigen Bundesländern sind erst dann mit ihrem Leben relativ zufrieden, wenn sie nicht allzu viel mit relativ zufriedenen Wienern zu tun haben.

Der Österreicher plagt sich nicht. Mit nichts und niemandem. Entgegen der systematischen Hetze des sozialromantischen Mainstreams plagt sich der Österreicher nicht einmal mit dem Ausländer. Nein, der Österreicher ist nicht ausländerfeindlich. Im Gegenteil. Der Österreicher gilt als überaus weltoffen. Er mag Kebap. Genauso gerne wie Curry. Und beides kommt aus Deutschland.

Der Österreicher hat kein Problem mit dem Ausländer. Solange er im Ausland bleibt.

Vereinzelt weist das Ausland darüber hinaus auch Bevölkerungsgruppen auf, die es dem Österreicher besonders angetan haben. Ja, es gibt auch solche, die mit den kulturchristlichen Werten unserer Heimat mithalten können. Mit denen kommt er gerne klar, der Österreicher, und erst recht, wenn er gemeinhin als besonders gläubiger Patriot gilt. So versteht es etwa die Freiheitliche Partei Österreichs, der Hort des glühenden Patriotismus, wie keine andere, sich im nahen Ausland völkerverbindend zu vernetzen. Allen voran mit der bundesdeutschen AfD, Alternative für Deutschland. Die beiden blaufarbenen Bewegungen arbeiten seit geraumer Zeit eng zusammen. Geteilter Neid ist halber Neid. Kurzfristig wurde sogar an eine Fusion beider

Parteien gedacht. Allein, daraus wurde nichts. Der gemeinsame Parteiname ist seit Neunzehnfünfundvierzig verboten.

Wobei die beiden Vorsitzenden von FPÖ und AfD bei ihrem ersten Treffen voneinander schon einigermaßen entsetzt waren: Du meine Güte, ein Ausländer. Erst ein verbindendes Kennenlernspiel konnte die verkrampfte Situation auflockern: Mein rechter rechter Platz ist leer. Heute klappt die Kooperation. Auch in den sozialen Netzwerken. Dort verfügt der freiheitliche Führer über eine nibelungentreue Gefolgschaft aus dem Nachbarland. Mischt der österreichische Retter des Abendlandes am Ende noch in der ausländischen, der deutschen Politik mit? Ein historisch erprobtes Modell. Diesmal ganz ohne Kunstakademie.

DES ÖSTERREICHERS ENDE

»It's the end of Austria as we know it.«
R.E.M.

Acht Millionen siebenhundertsiebenundvierzigtausend Österreicher stehen siebeneinhalb Milliarden Ausländern gegenüber. Auf den einzelnen Österreicher kommen demnach achthundertdreiundfünfzig Ausländer. Geht man von einem Körpergewicht von vierundsiebzig Kilogramm aus (inklusive Sandalen mit Socken), so entsprechen einem Ausländer etwa siebenundachtzig Gramm Österreicher.

Doch dieses Verhältnis steht vor massiven Verschiebungen. Immer mehr Ausländer wollen Teil der österreichischen Mitte werden. Es drängt sie, gezogen von göttlichem Magnetismus, hin nach Österreich. Wenn nun aber jeder Einzelne der viel zu vielen Ausländer erst in Österreich angekommen sein wird, leben in jedem der drei Millionen neunhunderttausend Haushalte jeweils sage und schreibe eintausendneunhundertundfünfzehn Personen. Das sind viele, das muss man mögen. Geht man von einer in Österreich üblichen siebzig Quadratmeter großen Wohnung aus, würden sich dann siebenundzwanzig Personen einen Quadratmeter Wohnfläche teilen, von denen bei einem Durchschnittsgewicht von vierundsiebzig Kilo nur zwei Kilogramm (von insgesamt siebenundzwanzig Personen!) österreichischer Herkunft sind. Das ist doch nicht fair.

Nennen wir das Kind beim Namen: Der Österreicher ist der unmittelbaren Gefahr ausgesetzt, über kurz oder lang auszusterben. Ein tragischer Zustand, der lediglich das Herz ausländischer Historiker höherschlagen lässt. Erstmals seit den Dinosauriern stirbt endlich wieder einmal jemand aus. Künftige Generationen von Ausländerkindern spielen mit kleinen Plastik-Österreichern, tragen T-Shirts mit Glitzermotiven rosafarbener Österreicherinnen, und Steven Spielbergs Erben liefern die Verfilmung dazu: Paradeiser Park. Der letzte Österreicher dreht das Licht ab.

DES ÖSTERREICHERS ERBEN

Dieser universell existenzgefährdenden Entwicklung ist entgegenzuwirken. Der Bestand lebender Österreicher (und natürlich auch lebender Österreicherinnen) muss aufrechtbleiben.

Der Österreicher ist ein lebendgebärendes Säugetier. Seine Fortpflanzung wird vollzogen durch die Begattung der Österreicherin, höchstpersönlich durchgeführt vom Österreicher. Als werbendes Vorspiel der Paarung dient das altösterreichische Traditionshandwerk des Pograpschens. Dabei fasst der Österreicher im Zuge seiner Balz der Österreicherin ungefragt an den Po. In seinen Tagesablauf bettet der Österreicher dieses Balzverhalten zwischen zwei markante Phasen seiner Flüssigkeitsaufnahme: Vorglühen und Komasaufen.

Um die Fortpflanzung des Österreichers zu bewahren und sie entsprechend zu dokumentieren, werden seit einigen Jahren die durchgeführten Pograpscher innerhalb des österreichischen Hoheitsgebiets offiziell zur Anzeige gebracht. Erfreulicherweise hat bereits das erste Jahr dieser gesetzlichen Regelung gezeigt, dass auch kommende Generationen vorläufig gesichert scheinen. Lediglich im Burgenland kommt es im untersuchten Zeitraum zu gerade einmal zwölf Anzeigen des Pograpschens. Dies ist darauf zurückzuführen, dass in dieser Region die Männchen und Weibchen ihre jeweilige Balz gemeinsam in liebevoll harmonischem Einklang gestalten. Besagte zwölf Burgenländerinnen sind offensichtlich die einzigen, die nüchtern genug waren, um den vollzogenen Pograpscher erst als solchen zu erkennen.

Nach dem Grapschen wird gepastert. Österreicher und Österreicherin cremen sich gegenseitig im Genital- und/oder Analbereich mit Schuhpaste ein. Wichtig beim Akt des Pasterns ist, dass entsprechendes Fachpersonal das Initiationsritual begleitet, ein Pastor. Zu Wirkungen und unerwünschten Nebenwirkungen fragen Sie Ihren Arzt oder Ihre Waxing-Lady.

Dieses zärtliche Ritual des Pasterns dient jedoch nicht nur der heterosexuellen Fortpflanzung, sondern gilt gerade auch in homoerotischen Männerbünden als äußerst beliebt, etwa im Fußballsport. Kein Wunder, dass derart viele österreichische Mannschaften hinten so offen sind. Als Pastor agiert in diesem Zusammenhang ein fachkundiger Pasteriasek.

Aber auch im Skisport wird gepastert. Mitunter gerne unfreiwillig. Um sich vor entsprechenden Annäherungen zu schützen, sind Skifahrerinnen gut beraten, umgehend einen Österreicher zu heiraten: die sogenannte Sicherheitsbindung.

Abseits von Sport und Stammtisch lernen Österreicher und Österreicherin einander kaum kennen, um gemeinsam für die Erhaltung der eigenen Spezies zu sorgen. Hier hilft die Internetplattform Kath-Treff aus, eine katholische Partnervermittlungsbörse. Eine durchaus rührende Variante, einander näherzukommen, ein Stück des Kreuzwegs gemeinsam zu gehen.

Natürlich muss auch in der katholischen Partnerbörse nicht jedes Angebot angenommen werden. Wenn Ihnen ein potenzieller Partner nicht gefällt, einfach anklicken: *Du kannst mich kreuzweise.*

In der Regel endet die Annäherung auf KathTreff aber positiv: Magst du noch mit nach oben kommen? Oder wie man in KathTreff-Kreisen sagt: Lust auf bet-at-home?

Im Ausland wird vermehrt auf die Gefahr hingewiesen, dass bei zunehmender Nutzung von Partnerbörsen die Partner zu systematisch ausgewählt werden und sich demnach häufig gleichen. Aus

GebetePartner
Liturgiker und Sanktus mit Niveau

österreichischer Sicht ein alter Hut. In Bergregionen erleben wir seit jeher das Phänomen, dass Eheleute sich bereits als Kind ähnlich sind und schon vor der Trauung denselben Familiennamen haben.

Vorsicht vor Fälschungen! KathTreff findet insbesondere im Ausland zunehmend unseriöse Plagiate:

Das einzige ausländische Angebot aus dieser Sparte, das auch Österreichern beiderlei Geschlechts zu empfehlen ist, heißt Awake Dating, eine Dating-App ausschließlich für Anhänger von Verschwörungstheorien.

Wie romantisch, wenn Flat-Earthler sich näherkommen und einander berührende Komplimente aussprechen: *Heute will ich mit dir bis ans Ende der Welt gehen. Und morgen noch einen Schritt weiter.*

Nicht selten schließen zwei Verschwörungstheoretiker nach ihren Verabredungen auf Awake Dating tatsächlich die Ehe. Das Paar darf jetzt die Aluhüte tauschen.

ÖSTERREICH IST DIE WELT UND DIE WELT WÄRE NICHTS OHNE ÖSTERREICH

»Austria makes the world go round.«
Liza Minnelli

Erstaunlicherweise verfügt der gemeine Ausländer über eine, genau genommen über *exakt eine* (in Worten: eine) und dementsprechend über keine andere ihm zugeordnete Eigenschaft, die tatsächlich mit Sinnhaftigkeit ausgestattet ist. Er, der Ausländer nämlich, versteht es (ja, wir stehen nicht an, dies einzugestehen), in kompetenter, konsequenter und auch kompromissloser Weise als hervorragender Referenzfaktor zu dienen. Als Basis dafür, dass er besser ist. Der Österreicher. Besser als er, der Ausländer. Der Vergleich macht uns sicher. Deshalb tritt der Österreicher nur zu gerne in Konkurrenz zum Ausländer an. Heroisch und in aller gebotenen Siegessicherheit, versteht sich.

Auf halsbrecherisches Kriegsgemetzel alter Schule wird neuerdings jedoch verzichtet. Zum einen will sich der Überlegene nicht seine schönen Berge schmutzig machen, zum anderen widerspräche dies der (sagen wir, wie es ist) beispiellosen Klugheit des Österreichers. Schließlich wird, und das liegt in der Natur des Österreichers, jede Gelegenheit dazu genutzt, um aus der Geschichte zu lernen.

Immerhin datiert der letzte gewonnene Krieg (wenn man Córdoba neunzehnhundertachtundsiebzig unberücksichtigt lässt) mit dem Jahr achtzehnhundertachtundsiebzig. Damals wurden in Bosnien Kipferln, Kaffee und Land übernommen, die dazugehörigen Osmanen jedoch nicht. Seither ist Österreich im Kriegegewinnen ziemlich aus der

Übung geraten. Und das trotz äußerster Beflissenheit im zweimaligen Anzetteln solcher im gesamten Ausland.

Allerdings gilt es, hier auch das Vorurteil auszuräumen, Österreich hätte die sogenannten Weltkriege verloren. Österreich und die Welt sind zweifelsfrei Synonyme. Denn Österreich ist die Welt und die Welt wäre nichts ohne Österreich. Womit auch für den letzten Verschwörungstheoretiker der Beweis dafür erbracht wäre, dass es in der gesamten Geschichte lediglich einen einzigen Weltkrieg gegeben hat. Und dieser fand im Jahre neunzehnhundertvierunddreißig statt. Fälschlicherweise oft als der österreichische Bürgerkrieg bezeichnet, handelt es sich demnach hier um die einzige weltkriegerische Auseinandersetzung. Sie wurde selbstverständlich vom Österreicher für sich entschieden. Was uns letztlich zum einzig logischen Schluss führt, dass ebendieser einzige je stattgefunden habende Weltkrieg auch nur einen und nur einen (in Worten: einen) Gewinner hervorgebracht hat, welcher einzig und allein Österreich war.

Doch damit prahlt der Österreicher nicht. Im Gegenteil. Wie sagte schon der große Wikipedia (übrigens auch ein Österreicher): Bella gerant alii, tu felix Austria nube. Was übersetzt so viel heißt wie: Wer das Schwerte verehrt, ist die Scheide nicht wert. Diese äußerst befruchtende Tradition der Habsburgischen Heiratspolitik war unserem Österreich jahrhundertelanger Garant für Weltherrschaft, Wohlstand und eine Lippe, wie sie heute nur noch von Jeannine Schiller getragen wird.

Davon ist man freilich längst abgekommen. Denn die Welt ist man selbst, und so zwänge uns ihre Beherrschung quasi zur Selbstbeherrschung (ein Wesenszug, der dem Österreicher eher fremd ist, und fremd ist nur der Ausländer, also soll sich der gefälligst selbst beherrschen). Außerdem wird heutzutage jede zweite Ehe geschieden. Es wäre also mit drastischem Verlust zu rechnen.

Deshalb adaptiert der zeitgemäße Österreicher sein Erfolgsprinzip und erneuert die Wendung in: Tu felix Austria exerce corpus! Treibe Sport! Denn hierin beweist er garantiert seine grenzenlose Überlegenheit gegenüber dem Ausländer. Und zwar jeweils in jener Sportart, in welcher er auch der Beste ist, sonst könnte diese Überlegenheit schließlich nicht bewiesen werden. Als die größte Bühne dafür erweisen sich immer wieder trefflich die sogenannten Olympischen Spiele, eine vulgärsprachliche Übersetzung für die historisch korrekte Originalbezeichnung: Österreichische Meisterschaften mit ausländischer Beteiligung.

Welche Disziplin dabei jeweils vom Österreicher gewonnen werden will beziehungsweise selbstverständlich auch gewonnen wird, folgt einem vorher minutiös ausgetüftelten österreichischen Masterplan. (Dieser ist Lesern, die in Regionen innerhalb der ausländischen Wolke ihr Trübsal blasen, aus intellektuellen Gründen nicht zu erklären.)

Bei den letzten Winterspielen handelte es sich zum Beispiel um die Weltsportart Rodeln. Der sportliche Goliath Österreich entsandte den rodelnden David, der in aller gebotenen Bescheidenheit den Rest der Scheibe in Grund und Boden kufte. Seinen Triumph sollte David (im Konkreten: Gleirscher) später in sportwissenschaftlicher Präzision so erklären: Es war einfach das Ziel, viermal geradeaus fahren. Das ist mir geglückt. Reden ist Gold.

Die Großzügigkeit der großen austriakischen Nation gebietet es, neben den eigenen Triumphen eine Handvoll Medaillen in Randsportarten dem Ausländer zu überlassen, um diesen auch bei Laune zu halten, weiterhin den Sparringspartner zu machen. Darunter fallen sportliche Orchideenfächer wie Langlaufen, Fußball, Eishockey oder auch der gesamte Mikrokosmos der Leichtathletik.

Sollten Sie Ausländer sein und nicht wissen, warum Rodeln hier als Weltsportart geführt wird, dann schieben Sie bitte keine Kummer-Nummer, sondern fragen Sie den Herold.

DAS FREMDE IM EIGENEN KÖRPER: DER GUTMENSCH

»In Austria veritas.«
Alkaios von Lesbos

Wenn Österreicher neue Österreicher zur Welt bringen, ist das gut. Weniger gut ist es, wenn aus der Paarung zweier Österreicher kein Österreicher entspringt. Wenn getrieben von einer unglücklichen Laune der Natur eine entartete, durch und durch unbrauchbare, ja regelrecht brandgefährliche Form des nur vermeintlichen Österreichers ihren Weg in die rot-weiß-rote Mitte findet: Der Gutmensch wird geboren.

Der Gutmensch ist schlecht. Er ist simpel gestrickt und engstirnig in seiner Perspektive. Hartnäckig verweigert er sich gesellschaftlichen Normen und Vereinbarungen. Der Gutmensch ist Widersacher, Gegenpol und Schreckgespenst des echten Österreichers. Denn der echte Österreicher ist vielseitig und offen, vorwiegend für alles, das er kennt und mag. Dieser feine Unterschied in den Ausführungen von echtem Österreicher und Gutmenschen zeigt sich auch bei scheinbar harmlosen Situationen des Alltags, etwa dem individuellen Trinkverhalten.

Der echte Österreicher wählt aus. Je nach Tagesverfassung, Jahreszeit oder Lust und Laune entscheidet er sich aus einem bunten Reigen mannigfaltiger Erfrischungsgetränke für einen Durstlöscher seiner Wahl. Er trinkt Wein oder Bier.

Der Gutmensch jedoch, er greift geblendet von Scheuklappen und ideologisch motiviert ausnahmslos zu Yogitee. Yogitee ohne Zusatzstoffe. Dafür mit ungespritzten Zitronen, geerntet von genfrei ernährten, glücklichen Lamas mit besonderen Bedürfnissen, samt biologisch

abbaubarer Fairtrade-Schale aus der Abfalltonne einer gängigen Supermarktkette als deutliches Signal gegen die verschwenderischen Umtriebe des kapitalistisch-imperialistischen Systems oder aus einem Biosupermarkt, sofern sich dieser in einem Passivhaus befindet, das die Ziele des Kyoto-Protokolls einhält, transportiert in einem bereits mehrfach verwendeten Papiersack, hergestellt aus alten Standard-Ausgaben, wahlweise auch Falter, gelesen von antiheteronormativen Flüchtlingskindern und mundbemalt von sehbehinderten Feministin-nen mit ruhestiftenden Mandalas oder mit Zeichnungen von Tieren, die am Gut Aiderbichl ihren Lebensabend verbringen.

Diese Schlichtheit des Gutmenschen stellt nicht nur eine Bedrohung für den Österreicher dar, der Gutmensch gefährdet vorwiegend sich selbst. Beispiel Grippewelle: Der Gutmensch erkennt die Gefahr nicht.

Er klatscht freudestrahlend bei jedem Nieser und heißt sein Fieber herzlich willkommen: Influenza welcome.

Der echte Österreicher nimmt vernünftigerweise bei jeder Männergrippe, dem Scheinasylanten der Grippewelle, Antibiotika und fordert eine Obergrenze für Fieberthermometer.

Das Problem mit dem Gutmenschen ist leider ein nachhaltiges. Denn wenn der irrtümlich gezeugte Gutmensch sich wiederum selbst vermehrt, entstehen daraus mit hundertprozentiger Sicherheit erneut viele kleine Gutmenschen. Dafür sorgt der Gutmensch durch ein straffes Erziehungsprogramm. Insbesondere die jüngste Edition des Modells Gutmensch kennt in ihrer Umsetzung der pädagogischen Gehirnwäsche kein Erbarmen, der Hipster.

Zweimal Muttermilch macchiato, bitte! Hipster-Eltern sind die mit Abstand schlimmste Form der Spezies Gutmensch. Sie kutschieren ihren Sprössling (Geburtsgewicht: viertausend Instagram) im Kinderwagen aus Olivenholz zur Sojamilchtaufe. Dem Kleinen werden die Milchzähne gezogen. Wir sind schließlich vegan.

Hipster erziehen ihre Kinder hartnäckig zu Toleranz und Multikulturalität. Sie reisen liebend gerne in entlegene Regionen, um dort fremde, ihnen nicht vertraute Kulturen kennenzulernen. Der alljährliche Familienausflug in den Wiener Gemeindebau.

Zwar gibt es auch in Hipsterfamilien den Generationskonflikt (Jetzt ist dieser Bengel schon drei Jahre alt und ihm wächst immer noch kein Vollbart), generell aber zeichnen sich diese Eltern durch wahnwitzig gelebte Toleranz aus. Nicht einmal das dröhnende Geschrei ihres Babys bringt sie dabei aus der Fassung, solange es auf Vinyl erscheint.

Leider tragen auch Gutmenschen, die sich biologisch nicht selbst vermehren, nichts dazu bei, dass kommenden Generationen ihr unentwegtes Gesülze erspart bleibt. Dann nämlich werden die Kinder einfach aus dem Ausland adoptiert. Natürlich Fairtrade.

Anders die Erziehung des echten Österreichers. Leistung muss sich wieder lohnen. Das gilt erst recht für Neugeborene. Gerade der Anfang der pädagogischen Arbeit gestaltet sich dabei äußerst undankbar. Babys können ja wirklich gar nichts. Selten, dass man sich etwas anschafft, das so teuer ist und so wenig kann.

Standortbedingt ist die Haltung eines Kindes in Österreich produktionsintensiv und mit hohen Anschaffungs- und Investitionskosten verbunden. Gleichzeitig beläuft sich die Ertragsspanne lange auf null. Da kannst du nur über die Umwegrentabilität kalkulieren.

EXKURS

Dass der Gutmensch keinesfalls als echter Österreicher eingestuft werden darf, zeigt alleine der Umstand, dass ihm ein grundsätzliches Element der Heimatzugehörigkeit bedauernswerterweise fehlt: die

Die Haltung von Kindern kann Ihre Gesundheit gefährden.

österreichische Sprache. Das folgende Beispiel veranschaulicht dies auf entlarvende Weise: die gutmenschliche Simultanübersetzung einer grundsoliden Adventansprache des amtierenden Bürgermeisters einer vorbildhaften Gemeinde.

Gerade jetzt ...

(Früher oder später oder zu einer unvoreingenommenen Zeit, die wir jetzt nicht diskriminieren wollen)

... kurz vor der Weihnachtszeit ...

(die sich weiters im Vorfeld einer kommerziell geprägten Jahresabschnittsphase mit Geschenkshintergrund befindet)

... wenn uns der Nikolo besucht oder der Krampus ...

(wenn wir dem fremdbestimmten Dialog abseits jeglicher Augenhöhe mit Bischof Laun oder Wolfgang Sobotka ausgeliefert sind)

... und wir uns auf das Christkind freuen ...

(und wir uns emotionsbefreit dem Erscheinungsdatum der geflügelten Jahresendzeitfigur nähern)

... sollten wir uns auf unsere Lebensfreude besinnen ...

(stehen wir nicht an, in aller Geschmeidigkeit einen nachhaltigen Joint durchzuziehen)

... unsere Arbeit hintan stellen ...

(und statt der kommenden Mahnwache für taubblinde Radfahrerinnen in Kamerun einen Termin bei der Psychotherapeutin vorzutäuschen)

... und mit unseren Liebsten brüderlich teilen ...

(und mit unserer transsexuellen Stiefzwillingsschwester und ihrem kosmopolitischen Patchwork-Opa geschlechtsneutral und geschwisterlich eine Umverteilung der bestehenden Ressourcen von oben nach unten zu bewirken)

... denn es ist wahrlich keine Milchmädchenrechnung ...

(denn es liegt keine soziale Bilanz basierend auf einer sich im Wachstum befindenden Transgenderperson vor, die uns liebevoll versorgt mit einem geschmacksunabhängigen Mandel-Drink)

... dass dieses Glück ...

(dass dieser hetzerisch gerne als vorteilhaft vorschussbelorbeerte Wink des Unvorhersehbaren)

... zu uns selbst schließlich wieder zurückkehrt ...

(exakt dieselben Verhaltensweisen an den Tag legt, wie ein aus Bio-Freilandbäumen geschnitztes Wurfgeschoss mit australischen Wurzeln)

... wobei das Schönste an der Weihnachtszeit zweifelsohne eines bleibt: der Genuss unserer abendländischer Vanille-Kleingebäcke in Form des kulturchristlichen Kreuzes.

(aber am liebsten haut sich der Depperte seine Vanillekipferl in die Venen)

DAS GOLDENE ÖSTERREICH

»O fluchwürdiger Hunger nach Österreich!«
Publius Vergilius Maro

Der Gutmensch träumt sich das Heute schön, der echte Österreicher das Gestern. Er sehnt sich in allen Epochen seines Daseins nach der jeweils jüngeren Vergangenheit.

Als aktuell beliebteste Blütezeit gelten die goldenen Siebzigerjahre, die Zeit, in der die heute Mächtigen Kinder waren. Diese Kinder hatten es nicht leicht, gar nicht leicht. Die verlorene Generation der Siebziger, ein Zeitzeugenbericht:

Unsere Misere lässt sich analytisch begründen. Seit Langem waren wir die erste Generation, die keinen historisch definierten Auftrag mehr hatte. Vor uns waren die gesellschaftlichen Eckpfeiler noch punktgenau abgesteckt. Unsere Eltern bauten das Land wieder auf, nachdem unsere Großeltern es davor kaputt gemacht hatten. Aber wir? Wir waren einfach da. Von uns hat keiner etwas gebraucht, niemand etwas gewollt. Und ja, wir wollten auch von niemandem etwas.

Schließlich war es uns nicht gestattet, von irgendjemandem etwas haben zu wollen. Ihr habt ja ohnedies alles, so der einheitliche Tenor unserer Nachkriegseltern. Wir hatten ja damals nichts. Aber ihr? Ihr habt doch alles. Hatten wir? Im Gegenteil, eine historische Lüge. Wir hatten in Wirklichkeit noch viel weniger als unsere Vorfahren, hatten überhaupt nichts. Nicht einmal ein Problem.

Und dennoch beschallte uns immer und immer dieselbe Langspielplatte: Ihr Glückspilze wachst doch im Überfluss auf. Im Überfluss? Da wählten unsere Alten ihren sozialdemokratischen Sonnengott zum Bundeskanzler, steckten sämtliche damit verbundenen Beihilfen in ihre Säcke, um uns dann am Ende vorzuwerfen, wir lebten im Überfluss.

Versuchen Sie, das einmal Ihren Kindern zu erklären, wie sich das anfühlt, wenn man im Überfluss aufwächst. Mit zwei Fernsehsendern und einem Telefon, das du dir mit dem halben Bezirk teilen musst.

Und selbst wenn. Selbst wenn wir, wie es uns vorgehalten wurde, alles gehabt hätten. Nichts von dem durften wir uns schließlich selbst aussuchen. All dieses Alles haben doch unsere Eltern für uns auserkoren. Und warum? Weil sie selbst in ihrer Kindheit zu alledem nie die Möglichkeit gehabt hatten: Wir hatten ja gar nicht diese Möglichkeiten wie ihr. Seid froh, dass ihr das alles habt, weil wir hatten ja nicht die Möglichkeit dazu.

Was die Nachkriegsgeneration dabei allerdings vergisst: Wir Kinder der Siebzigerjahre wollten das alles gar nicht. Nichts von dem

Wenn ich groß bin, möchte ich einen tollen Beruf haben. Irgendwas mit Schnürlsamt.

wollten wir haben. Niemand von uns wollte jeden Vormittag ein Zahn-zuckerl essen oder sich jedes Jahr am Weltspartag bei der örtlichen Länderbank ein Dracula-Gebiss aus Plastik abholen. Im Überfluss.

Überfluss wohlgemerkt im Sinne von überflüssig. Beispiel: Essen. Wir waren die ersten Kinder, deren Mamas arbeiten gingen. In den Zeiten davor herrschte strikte Trennung. Der Papa geht arbeiten oder wahlweise in den Krieg, wofür sich der Papa sechs Jahre Zeitausgleich genommen hat. Die Mama macht Haushalt und Kinder. Aber jetzt? Gleichberechtigung. Die Mama geht auch arbeiten. Plus Haushalt. Plus Kinder. Schließlich wollten die Papas den Mamas die erkämpften

Rechte der Frau nicht streitig machen. Dummerweise waren aber deshalb unsere Mamas die ersten Mamas, die keine Zeit mehr zum Kochen hatten. Demnach waren wir wiederum die ersten, die mit Fertiglebensmitteln abgespeist wurden. Oder wie der entsprechende Fachbegriff dafür lautet: fertige Konservierungsmittel in chemischen Verbindungen mit lebensmittelähnlichem Hintergrund.

Es lag nun an uns Kindern der Siebzigerjahre, eine völlig neue Kulturtechnik zu erlernen: die geschmackliche Unterscheidung zwischen Produkt und Verpackung. Denn geschmeckt hat jedes dieser Fertiggerichte im Grunde gleich. Nicht selten war einem sogar das Zellophan lieber als der Strudelteig selbst. Das hat nicht gar so nach Konservierungsmittel geschmeckt.

Jedes kompostierbare Hofer-Sackerl ist heutzutage bekömmlicher als die damals vertriebene erste Staffel an Fertiglebensmitteln. Worst Case: Quick Lunch. Ein Plastikbecher, Pulver darin, kochendes Wasser darauf, fertig. Binnen drei Minuten stand sie vor dir, die bombenfeste Fugenmasse für den anspruchsvollen Hobby-Spachtler. Mahlzeit.

Da sind die heutigen Kinder dagegen schon arm dran. Was die alles wissen müssen: Was gibt es heute zum Frühstück, was morgen zu Mittag, was zu Weihnachten, und wann ist diese verdammte gesunde Jause? Da lobt man sich unser einstiges Angebot: Es gibt immer dasselbe, jeweils in einem anderen Aggregatzustand.

Wenn wir von der Volksschule zu Mittag in den Hort gekommen sind, war es uns doch egal, was es dort zu essen gab. Wir griffen zur Maggi-Flasche, gossen die Hälfte davon über unseren Teller und fertig. Egal, ob das eine Pasta asciutta war oder ein Kaiserschmarren.

Auf der anderen Seite boomte die Technik. Im Kindergarten der Siebzigerjahre wurden von uns keine lausigen Schwarz-Weiß-Bilder mehr geschossen, sondern Farb-Color-Fotos. Man beachte die doppelte Betonung: Farb-Color, ein sogenannter Pleonasmus. Auf Deutsch:

Mutti kocht sehr gut. In der Mayonnaisesalat tut sie immer auch ein paar Erdäpfel.

Überfluss. Oder Übertreibung. Wenn man diese Fotos heute betrachtet, weiß man, warum. Natürlich waren Farb-Color-Fotos hundsordinäre Schwarz-Weiß-Fotos. Nur wurden diese vom Fotografen nach der Entwicklung noch kurz in die Sonne direkt unters Ozonloch gelegt.

Wir waren eine fleißige, eine pflichtbewusste, eine beflissene Generation. Wenn wir zum Beispiel bemerkt haben, dass uns der Schulunterricht nicht mehr richtig herausfordert, haben wir die Konsequenz gezogen und sind freiwillig daheim geblieben. Und krank geworden. Nicht aber, dass wir daheim dann heimlich geraucht hätten oder dem Müßiggang verfallen wären. Nein, was haben wir Kinder der

Siebzigerjahre in diesem Fall gemacht? Wir haben uns daheim noch zusätzlich freiwillig weitergebildet und uns auf FS eins den Russisch-Kurs angesehen. Dobrije, spasiba, gelehrt von einer Frau im Fernsehen, so rassig, dass Ivan Rebroff daneben wie eine ukrainische Elevin der Staatsoper erschien.

Wir waren die erste Generation, der die Unterhaltungsindustrie systematisch auf den Schädel geschissen hat. Wir mussten als Versuchskaninchen herhalten für die spätere Generation Playstation. Wir wurden kollektiv vor einen kleinen, portablen Schwarz-Weiß-Fernseher gesetzt, auf den man uns zwei Striche und in der Mitte einen viereckigen Punkt gemalt hat. Das Unglaubliche: Der Erwachsenenwelt ist es tatsächlich gelungen, uns weiszumachen, das sei Tennis.

Zu Weihnachten gab's für uns Kinder jeweils eine Bontempi-Orgel. Diese verfügte übersichtlicherweise über drei Knöpfe: Rock eins, Rock zwei und Bossa Nova. Wenn wir es vollbracht haben, am Heiligen Abend unfallfrei auf eine dieser drei Tasten zu drücken, hieß es in der Familie umgehend, wir könnten Klavier spielen. Mit unserem Klavierspiel prahlten daraufhin unsere Eltern vor ihren Eltern, weil sie selbst als Kinder zum Klavierspielen ja nicht die Möglichkeit gehabt hatten.

Und die heutigen Jungen? Die kennen das alles nicht. Was haben die denn für ein Leben? Die studieren zuerst fertig (das hätte es bei uns ja an sich nicht gegeben), gehen dann in unbezahlte Jobs und regen sich am Ende darüber auf.

Wir haben uns zuerst aufgeregt. Weil wir mussten ja nur studieren, weil unsere Eltern nicht die Möglichkeit dazu hatten. Danach haben wir die Studienrichtung so oft gewechselt, bis es sie nicht mehr gab. Und am Ende haben wir uns betrunken und wollten einfach unsere Ruhe.

DAS ÖSTERREICHISCHE BRAUCHTUM

»Geht's dem Österreicher gut, geht's uns allen gut.«
Christoph Leitl

Der Österreicher will seine Ruhe. Er braucht starre Strukturen, ein übersichtliches Korsett, einen übergeordneten Plan. Dies findet er in seinen Ritualen und Bräuchen. Hier eine Übersicht der gängigsten österreichischen Traditionen:

ADVENT ABHALTEN

Während der vier Wochen vor der abendländischen Gansschlachtung Ende Dezember besinnt sich der kulturchristliche Österreicher darauf, Schluss zu machen mit der falschen Willkommenskultur gegenüber einem obdachlosen Flüchtlingskind aus dem arabischen Raum, das in unser Sozialsystem einwandern will, noch nichts in dieses eingezahlt hat und darüber hinaus seine gesamte Patchwork-Sippschaft nachholen möchte. Sicher nicht. Amen.

BRÜSTE SCHENKEN

Zum Muttertag schenkt der traditionsbewusste Österreicher der Frau des Vaters gerne neue Brüste. Als ursprünglich vereinzelter Brauch in abgelegenen Regionen ist dieser schöne Usus vor wenigen Jahren durch die Aktion des heimischen Radiosenders Kronehit bundesweit angekommmen. Mutter und Tochter bewerben sich gemeinsam um neue Brüste. Der familienfreundliche Name der Aktion: Tutti kompletti.

Kritische Stimmen vermissen dabei den persönlichen Charakter. Wer seine Mutter wirklich lieb hat, schenkt ihr doch auch unter dem

Jahr einen (gerne auch selbstgebastelten) Busen. Vorsicht, das feindliche Ausland versucht diese Kritik am Muttertagsbusen zu unterbinden. Kein Wunder, belebt die Tradition doch die Aktienkurse ausländischer Unternehmen. Vorwiegend im Silicon Valley.

CENT EHREN

Wer den Cent nicht ehrt, liegt nicht so verkehrt, so eine alte österreichische Weise. Ja, der Österreicher bezahlt mit Cent. Der wohlhabende Österreicher mitunter mit Euro. Dies beruht darauf, dass Österreich vor geraumer Zeit einem wahnwitzigen Bündnis ausländischer Ausländer (allesamt aus dem Ausland) beigetreten ist, der sogenannten Europäischen Union. Dieser Beitritt erfolgte aus reiner Höflichkeit. Der Österreicher ist schließlich kein Spielverderber und kommt dem Wunsch nach vereinzelter Kooperation mit dem europäischen Ausland gerne nach. Um diese Zusammenarbeit zu manifestieren, ist es als nächster logischer Schritt unumgänglich, dass Österreich aus der Europäischen Union austritt. Österreich tritt aus Europa aus und Europa tritt Österreich bei. Dann klappt es auch mit dem Nachbarn. Natürlich erst dann, wenn Europa ausreichend österreichfit ist.

DEPRESSION PFLEGEN

Für den in Österreich ausreichend beheimateten Langzeitdepressiven gilt insbesondere der Herbst als eine tragische Jahreszeit. Schwer auszuhalten, wenn plötzlich auch Amateure sich an einer Jahresabschnittsdepression versuchen.

Aktuelle Studien bestätigen, insbesondere männliche Vegetarier gelten als depressionsgefährdet. Ist ein Fleischhauer anwesend? Kann hier jemand mit einer Leberkässemmel umgehen? Was tun im Notfall? Nachtapotheken schaffen Abhilfe: Geben Sie mir schnell zwei Knacker, mein Freund will sich umbringen.

EINBÜRGERUNG VERHINDERN

Der Ausländer passt einfach nicht nach Österreich. Er möchte gar nicht passen, will sich nicht und nicht anpassen. Erfreulicherweise setzt Österreich entsprechende Maßnahmen und bestraft die Verweigerung der österreichischen Werte durch neue Ankömmlinge. Und zwar dort, wo es ihnen am meisten wehtut, in der Grundversorgung: Rindsbraten für integrationsunwillige Inder, Schweinsschnitzel für Türken und schmackhaftes Essen für unkooperative Deutsche.

FRATZE ZERSÄBELN

Galt die schlagende Burschenschaft lange als übersichtlicher Hort schrulliger Außenseiter, die gerade einmal im Jahr beim Korporationsball in der Wiener Hofburg in Erscheinung traten, ist der sportliche Usus der rechtsextremen Gesichtsverletzung mittlerweile in der Mitte der Gesellschaft angekommen. Selbst das österreichische Parlament verfügt heute über eine tüchtige Anzahl nationalistischer schlagender Burschenschafter. Die konkrete Anzahl der Korporierten im Nationalrat, der ersten österreichischen Wach- und Schmissgesellschaft, ist freilich mit Vorsicht zu genießen. Einen der Burschenschafter hat es beispielsweise beim Fechten so schlimm erwischt, dass er formell als zwei Abgeordnete gilt. Burschenschafter im Parlament, für den Ausländer unverständlich, für den Heimischen die natürlichste Sache der Welt. Der Österreicher ist narbenblind.

GRILLUNFÄLLE BEJUBELN

Die großen Gefahren beim sommerlichen Männersport Nummer eins, dem Grillen von gepasterten Fleischbrocken, werden gerne unterschätzt. Das Problem ist, dass viele Männer einfach nicht abschätzen wollen, wo ihre Grenzen liegen. Häufigste Brandursache: Österreicher mit dem Griller in der Hand eingeschlafen. Wobei der glühende Grillmeister seine beim Grillen eingefangenen Verletzungen durchaus schätzt und ehrt. Für das österreichische Grillopfer gilt es als Auszeichnung, wenn es umfassend verbrannt im Spital zu sich kommt und seinen Arzt mit der entscheidenden Frage konfrontiert: Bin ich durch?

HASSPOSTINGS VERFASSEN

Hassposten ist nach wie vor eine der meistverbreiteten Kulturtechniken des Landes. Mittlerweile reagiert auch die Politik auf das beliebte Brauchtum und hat eine Beratungsstelle für Hasspostings ausgeschrieben. Sehr lobenswert, dass Hassposter in grundlegenden Fragen jetzt endlich professionelle Beratung erhalten. Wie schreibt man noch schnell verfickte Drecksschlampe?

INKONTINENZ LEBEN

Eine Million Österreicher gelten als inkontinent. Das muss eine Demokratie aushalten. Da scheißen wir uns nicht gleich an deswegen. In der gesellschaftlichen Akzeptanz der Inkontinenz braucht es einen Paradigmenwechsel. Inkontinenz muss sichtbar werden. Bis jetzt konnten wir sie lediglich riechen. Der unkontrollierte Verlust von Exkrementen ist nun einmal Teil der österreichischen Alltagskultur. Wenngleich man vielerorts den Österreicher als unbelehrbaren Nazi abstempelt, beweist uns diese schöne Tradition das Gegenteil: Zumindest eine Million ist offen für alles.

JOSEF VERSTEHEN

In Österreich gibt es mehr Bürgermeister, die Josef heißen, als Bürgermeisterinnen. Österreich erfreut sich seit jeher an seiner Vorreiterrolle in der Josefsbewegung. Josef Donahl war der erste Josefsminister der Republik, zwei Josefsbegehren belebten die Demokratie, ein dichtes Netz an Josefsärzten sorgt für gute medizinische Versorgung, und auch im Alltag gilt der Österreicher durchaus als Josefsversteher.

KRAMPUS ÜBERSTEHEN

In Österreich kommt der Krampus am fünften Dezember. Der jährliche Krampuslauf beinhaltet eine Vielzahl heimischer Teiltraditionen: Ansaufen, Angst machen, Kinder verprügeln und Frauen ansteigen. An allen anderen Tagen des Jahres nennt man den Krampus demnach Papa. Besonders beliebt ist die rituelle Massenschlägerei mit maskiertem Hintergrund im Zentrum der schlagfertig guten Laune – in Kärnten. Dort kommt es mitunter auch zu unschönen Szenen im Rahmen der jährlich stattfindenden Krampussy Riots.

LITURGIE PFLEGEN

Der asketisch lebende Mönch stellte in Österreich bislang eine kaum beachtete Minderheit dar. Im Zuge der politischen Wende und des kometenhaften Aufstiegs der neuen Volkspartei wurden jedoch mehr und mehr junge Menschen dazu motiviert, sich dieser ehrwürdigen Lebensweise zu widmen. Der Mönch scheint wie geschaffen für das Österreich im einundzwanzigsten Jahrhundert. Hände falten, Goschen halten. Mönch sein ist im Grunde ein Job wie jeder andere: Der kleine Hackler besorgt die Arbeit und sein Chef lässt sich nie blicken. Auch bei der ausländischen Jugend kommt der gemeine Klosterbruder ausnehmend gut an: fette Kreuze, fette Ketten, fette Hoodies, fette Bässe. Der Mönch, der Eminem der katholischen Kirche.

MEER SCHLIESSEN

Die feierlich zelebrierte Meeresschließung stammt aus der ruhmhaften Zeit des Staats- und Parteichefs Sebastian Kurz. Er gilt als der

Erfinder der Schließung der Mittelmeerroute und als erster Kanzler der Zweiten Republik, der nicht in die Geschichtsbücher eingehen wollte, sondern in die Bibel.

NIKOLO ORTEN

Gerne wird dem Nikolo, einem der großzügigsten Österreicher überhaupt, eine falsche Herkunft angedichtet. Der heilige Nikolaus wäre demnach ein Türke gewesen. Diese dreiste Lüge ist schnell durchschaubar. Im Nikolo-Sackerl befinden sich Tiroler Aschantinüsse, steirische Mandarinen und zurechtgeschmolzene Feldhasen vom letzten Osterfest. Und keine Ziegen.

OSTERN ERLEIDEN

Zu Ostern gehört unser ganzes Mitgefühl dem wohl berühmtesten Österreicher, Jesus Christus. Ein Mann, ein Schicksal: seit zweitausend Jahren in derselben Firma und immer noch nur Juniorchef. Der Auftakt der jährlichen Osterfeierlichkeiten findet am Gründonnerstag statt, wenn den Kindern liebevoll die Achse zwischen Gut und Böse nahegebracht wird. Die Großen quälen ihre Kleinen mit giftgrüner Kost. Früher wurde der leidende Nachwuchs zudem rüpelhaft gerügt, wenn er vom Ekel getrieben in seiner Hilflosigkeit Spinat, Erdäpfel und Spiegelei unappetitlich zergatscht hatte. Mit dem Essen spielt man nicht. Das hat sich verändert. Heute nennt man den Gatsch aus Spinat, Erdäpfel und Spiegelei Smoothie.

Am Ostersonntag werden die Kinder schließlich versöhnt, wenn ihnen ein süßer Hase bunte Eier bringt. Ein marketingtechnisch sehr kluger Schritt seitens der Kirche. Man stelle sich diesen Akt doch umgekehrt vor: Ein zerrupftes Huhn bringt Kindern gekochte, angemalte Hasenembryonen als Symbol der Auferstehung. Mit der Auferstehung an sich plagen sich lediglich die heimischen Gewerkschaften.

Keine Frage, arbeitnehmerfreundlich war er nicht gerade, dieser Jesus. Ein Feiertag an einem Sonntag! Kann dieser Erlöser denn nicht an einem Wochentag auferstehen?

PSYCHOTERROR ERLEBEN

Statistisch wird in Österreich einer von fünf Schülern gnadenlos gemobbt. Die anderen vier zeigen währenddessen ihr Mitgefühl, indem sie ein Video davon machen und selbiges im Internet veröffentlichen. Als Akt der Solidarität werden einmal im Jahr alle österreichischen Schüler kollektiv gemobbt, flächendeckend bundesweit. Von der Pisa-Studie.

QUAL WÄHLEN

Die Demokratie ist eine Erfindung aus Österreich. Ihre ursprüngliche Form, die attische Demokratie, kommt aus Attnang-Puchheim. Auch heute noch sind demokratische Wahlen aus dem rot-weiß-roten Brauchtumskalender nicht wegzudenken. Jede Wahl ein Volksfest, jeder Wahlkampf eine Ausgeburt kreativer und intelligenzelastischer Erlebnisse. Den Höhepunkt des laufenden Jahrhunderts lieferte diesbezüglich die Bundespräsidentenwahl in der Mitte des zweiten Jahrzehnts. Nach dem herkömmlichen Ablauf und einer tadellos absolvierten Stichwahl kramte der Österreicher in seiner bunten Ideenkiste und holte heraus, was es zu holen gab. Jene freiheitlichen Wahlbeisitzer, die eben erst die ordnungsgemäße Auszählung unterschrieben hatten, unterzeichneten wenige Augenblicke danach die Anfechtung derselben.

Die unterlegenen Blauen sind nun einmal bekannt für ihre radikale Auslegung der Demokratie. Man will alle Formen der Schiebung ausschließen. Bis auf die Abschiebung. Die folgende Neuauflage der Stichwahl musste zudem einmal verschoben werden, da der Innen-

Wählen in Österreich

1. Stimmabgabe
2. Ergebnis abwarten
3. Hoffen, dass das Ergebnis der FPÖ passt
   - 4a → Es passt ihr
   - 4b → goto 1

Amtlicher Stimmzettel
für die
Wahl des Bundespräsidenten
am 22. Mai 2016

Norbert Hofer

Ja

Nein

minister es nicht vollbrachte, die Wahlkarten ordentlich zuzukleben. Transparenz made in Austria: Offene Gesellschaft, offene Weinflasche, offene Wahlkarte. Der Klebstoff, der die österreichische Bundespräsidentenwahl verhindert hatte, kam im Übrigen aus Deutschland. Danke, Merkel! Letztlich konnte der entscheidende Wahlgang stattfinden. Das Ergebnis war dasselbe und Österreich um eine notwendige Sparmaßnahme reicher: Künftig unterschreiben die FPÖ-Wahlbeisitzer die korrekte Auszählung und die Anfechtung auf demselben Formular.

RADIKAL BETEN

Immer mehr junge Flüchtlinge lassen sich taufen. Der Trend der heimischen Jugend wendet sich vom Djihad hin zum traditionellen Komataufen. Eine nicht ganz unumstrittene Entwicklung. Was, wenn sich nun auch die katholische Jugend radikalisiert? Was, wenn sich unsere Frauen und Kinder selbst sonntags nicht mehr auf den Kreuzweg trauen? Ich mach dich Kruzifix, Oida!

SPEED WATCHEN

Es gilt als vermeintlich neuer Trend, sich TV-Serien in doppelter Geschwindigkeit anzusehen. Mitnichten, in Österreich ist Speed Watching alles andere als neu. Der Österreichische Rundfunk strahlt seit jeher die Reden des Bundespräsidenten in doppelter Geschwindigkeit aus. Und keiner merkt's. Lediglich einmal sollte dem Sender dabei eine unglückliche Panne passieren. Van der Bellen wurde statt in doppelter in halber Geschwindigkeit abgespielt. Die verheerende Folge: eine Viertelstunde Standbild.

TAGESZEITUNG ENTNEHMEN

Die österreichische Printmedienlandschaft ist geprägt von Sauberkeit, Korrektheit und Seriosität. Insbesondere die Tageszeitungen sind

derart seriös, dass sie dafür sogar mit öffentlichen Presseförderungen belohnt werden. Sie sind derart korrekt, dass sogar die Regierung darin inseriert. Und letztlich geht es ihnen primär um den Inhalt und nicht um das Geschäft. Dies beweisen die Non-Profit-Gazetten dadurch, dass sie ihre Ausgaben gratis in Wiener Linien-Stationen verteilen. Die meisten Zeitungen in Österreich sind gratis. Sonntags sogar alle.

URLAUB ÜBERREISSEN

Österreicher treffen im Urlaub am liebsten Österreicher. Durchaus nachvollziehbar, man hängt eben gerne mit dem Inländer rum.

VOLKSROCK 'N' ROLLEN

Die Zeiten, in denen der singende Stammtisch Andreas Gabalier in Almhütten und Bierzelten den Soundtrack zum Filmriss geliefert hat, sind lange vorbei. Das zu Fleisch gewordene karierte Stofftaschentuch war der erste Österreicher, der sich erbarmte, die ausländische Unterhaltungsreihe MTV Unplugged durch seine Teilnahme aufzuwerten.

Unplugged – ausg'steckt. Andreas Gabalier ist eben noch ein aufrechter Musikant altdeutscher Schule. Der spielt nicht mit Strom. Der spielt mit Gas.

Mittlerweile ist Österreichs Kulturschlager Nummer eins in der Hochkultur gelandet und gastiert im Wiener Musikverein. Für die große Schar der Gabalier-Fans war das neue Setting anfangs doch recht ungewohnt. Bauchtasche, Lebkuchenherz und Mutterkreuz mussten an der Garderobe abgegeben werden. Doch Gabalier möchte seine

gerade entdeckte Ö-eins-Attitüde noch weiter ausbauen. Wenn er denn nur dürfte. Ein volksfeindliches Bündnis aus Heimatvernaderern und linkslinker Kulturschickeria hindert den österreichischen Dichter und Denker nämlich daran, auch im Wiener Konzerthaus aufzutreten.

Letzte Hoffnung: Ein Open Air am Heldenplatz. Dort wird Gabalier doch wenigstens die wahre Bundeshymne zum Besten geben dürfen, ganz ohne Töchter. Den Radetzkymarsch.

WEIHNACHTEN BETREIBEN

Die jährliche Betriebsweihnachtsfeier gilt in Österreich als Inbegriff der Nachhaltigkeit. Sie dient der stabilen Aufrechterhaltung unserer Betriebskindergärten. Männer in Führungspositionen schwingen überschwänglich mit ihren Christbaumkugeln und frönen vom Tannenduft berauscht der sexuellen Übergriffigkeit. Die Betroffenen, wohlgemerkt die Betroffenen aus österreichischer Sicht, also die betroffenen Männer, sie wehren sich vermehrt und verweisen auf die ausnehmend komplizierte Auslegung der sogenannten deutschen Sprache. Natürlich ist bereits das erste Nein des begehrten Gegenübers als ein unmissverständliches Nein zu akzeptieren. Aber wann bleibt es denn bei gar so ausgelassener Stimmung bei einem einzigen Nein? Wie steht es um das zweite Nein? Eine doppelte Verneinung ergibt im Österreichischen immer noch ein Ja. Das wird man doch noch ertragen dürfen.

XANOR NEHMEN

Der Österreicher gibt im Jahr überdurchschnittliche vierhundertdreiundvierzig Euro für Arzneimittel aus. Für ihn wie geschaffen scheinen allen voran angstbefreiende Medikamente. Xanor beispielsweise nimmt einem die Angst. Das kann er gut gebrauchen, der Österreicher. Letztlich nimmt der Österreicher Xanor gegen jedes Leiden. Auch gegen Kopfschmerzen. Die Kopfschmerzen bleiben dem Patienten zwar nach der Einnahme einer Xanor-Tablette erhalten. Sie sind ihm dann aber egal.

YOGITEE WEGSCHÜTTEN

Ganzjähriger Brauch, um Gutmenschen in den Wahnsinn zu treiben. Beliebt in Kombination mit einem geheim beauftragten Testabo der Kronenzeitung, dem Aufstellen von Umleitungsschildern auf Demorouten und dem aggressiven Missbrauch von Superkleber beim Bahnhofsklatschen.

ZIFFERN LESEN

Die Digitalisierung wird überbewertet. Entgegen fragwürdiger Entwicklungen im Ausland setzt der Österreicher nach wie vor auf das klassische Buch, gedruckt und fabriziert aus toten Bäumen. Sagen wir, wie es ist: Der Österreicher ist belesen. Einmal jährlich rüstet er seine hauseigene Bibliothek auf, wenn all jene, die hierzulande über einen Festnetzanschluss verfügen, ihre Neuauflage ausgehändigt bekommen. Für die jüngeren Leser: Unter Festnetz versteht man ein Telefon in Käfighaltung. Wenngleich der österreichische Catcher Otto Wanz in unzähligen Fernsehsendungen sein Bestes gegeben hat, den klobigen Dingern den Garaus zu machen, ist das Telefonbuch in Österreich nicht unterzukriegen.

DER ÖSTERREICHISCHE KUNSTGRIFF

>*»Ein Pferd, ein Pferd, mein Österreich für ein Pferd!«*
>Richard III.

DER GIPFEL DER KUNST

Neben dem Telefonbuch, der Bibel, dem Kamasutra und Pippi im Taka-Tuka-Land gilt Adolf Hitlers *Mein Kampf* zweifelsohne als eines der bedeutendsten Werke der österreichischen Literatur. Vor einigen Jahren endete das Urheberrecht, nun kann jedermann das Meisterwerk herausbringen. Doch der Jubel des Verlagswesens scheint unangebracht. Denkt denn hier niemand an die Familie Hitler? Soll die jetzt verhungern? Die hatte es doch so und so nicht leicht nach dem tragischen Untergang ihres Onkels. Nichtsdestotrotz erscheint der beliebte Klassiker nun in einer Neuauflage und erfreut sich bester Kritiken:

Die Wiederauflage des rotzfrechen Debüts eines damaligen Jung-
autors im vollen Saft der eigenen Sturm- und Drang-Zeit. Köstlich zu
lesen und auch heute noch entlarvend, wie Adolf Schicklgruber unter
seinem Autorenpseudonym Hitler Sprache, Duktus und die radikale
Haltung einer orientierungslosen Generation spiegelt, letztlich auf die
Spitze treibt und in einer Präzision persifliert, die ihresgleichen sucht.
Zeitlos, wie der junge Hitler mittels eines fiktiven Ich-Erzählers mit
stilistischer Präzision und messerscharfer Ironie die Gefahren der dräuenden Nazizeit aufzeigt: gefühlte Minderwertigkeit, die unweigerlich zu
Frust führt. Daraus resultierende manische Selbsterhöhung durch Dif-
famierung, Ächtung und Hass auf alles, was anders ist. Hitler zeichnet
damit ein punktgenaues Psychogramm seiner Zeit, das gleichzeitig als
Indikator für jegliche Radikalisierungstendenzen auch heute dienen
kann. Rattenfängerei nach dem immer gleichen Strickmuster: Perso-
nenkult, Größenwahn, Ideologie, Dummheit, Abscheulichkeit – PEGIDA.

Kunden, die diesen Artikel gekauft haben, bestellten auch

Limonade	Liederbuch	Leibspeise
★★★★☆	★★★★★	★★★★☆
Getränk	Gewalt	Geh bitte

Der Braunauer deckt dies gnadenlos auf. Mein Kampf, ein grandioses Satireprojekt zwischen zwei Buchdeckeln. Amüsant und klug von der ersten bis zur letzten Seite. Hitler legt mit diesem Werk genau das vor, woran heimische Möchtegernhumoristen wie etwa die Gebrüder Moped immer wieder kläglich scheitern.

DER ZEIT IHRE WIRTSCHAFT, DER WIRTSCHAFT IHRE FREIHEIT

Wie grausam etatistisch nahm sich das Leben noch vor wenigen Jahren aus. Bis ins Privateste wurde der Österreicher vom staatlichen Regelwahn drangsaliert. Allein, um dir einen persönlichen Brief abzuholen, musstest du aufs Amt. Und bei der verstaatlichten Post faktisch ewig Schlange stehen. Um wieviel besser haben wir es heute im privatisierten Paradies. Da musst du im Shop deines Handy-Anbieters zwar auch stundenlang auf einen frei werdenden Mitarbeiter warten, aber es ist private Zeit.

Und von welchem schweren Joch uns der segensreiche Weg des Eingottglaubens an den Markt nicht befreit hat! Post, Voest, Wiener Linien – gehört alles nicht mehr uns. Selbstlose Private haben uns von dieser Bürde befreit. Denn Besitz belastet. Nichts macht uns freier als das freie Spiel der Kräftebildung.

Genauso wollen wir es auch mit den Orchideen des Lebens halten: mit der Kunst, der Butter auf dem harten Brot der Wirklichkeit. Dem wohlverdienten Zierrat der Zasterzienser der Finanz-Wohlfahrt, den diese Säulenheiligen der Leistungsgesellschaft in aller Bescheidenheit neben den nicht profitablen Bereichen Bildung, Pflege, Beamtentum, Minderleister und anderen Kostenfaktoren auch noch freiwillig mittragen.

Wer zahlt, schafft an. Zahlen doch die vifen, international agierenden Kohle-Krämer die wenigsten Abgaben, aber welcher freie Geist will sich schon mit profanen Taxen für ein sozialromantisches Gemeinwohl herumschlagen. Der Zeit ihre Wirtschaft, der Wirtschaft ihre Freiheit. Entlassen wir doch endlich auch die Kultur in diese Freiheit. Gerade sie sollte doch weltumspannend denken und handeln.

Will ich im einundzwanzigsten Jahrhundert etwa ein beinhartes Sozialdrama in Auftrag geben, so werde ich dafür doch keinen saturierten, pragmatisierten, mindestgesicherten System-Schreiberling

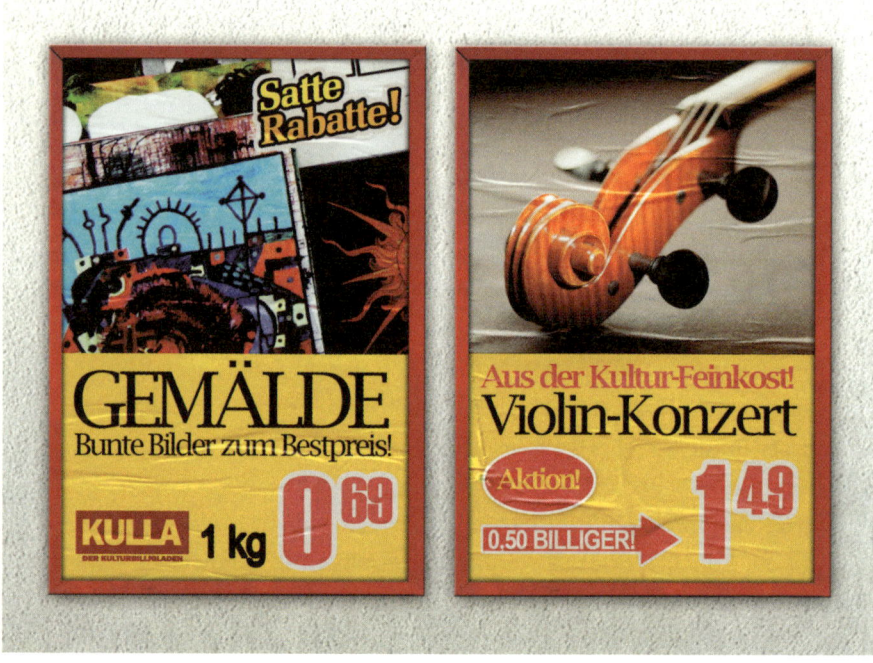

um teures Geld engagieren. Authentizität erhalte ich, wenn ich einen ausländischen, beispielsweise rumänischen Grubenarbeiter sein eigenes, echtes Leben aufschreiben lasse. Keine Sorge, er soll seine einheimische Identität dabei keinesfalls verlieren. Bezahlen wir ihn doch nach den üblichen Konditionen seiner Heimat. Das ist die Hilfe vor Ort, die wir meinen. Darüber hinaus senkt das den Investitionsaufwand: leistbare Kunst für das Volk, lupenreines Win-win.

Und für den verweichlichten Nachwuchs in unseren überteuerten Hätschelanstalten, wo die Kinder nicht auf den Wettbewerb des Lebens, sondern auf ein naives Weltbild bar jeder Realität eingeschworen werden, gerade dort liegt ungeahntes Effizienz-Potenzial. Stichwort zentraler Einkauf. Wozu die Unzahl utopischer Fantasien sogenannter moderner Kinderliteratur auch noch teuer einkaufen? Gutes altes heimisches Kinderliedgut kann gut in pakistanischen Musikstudios eingespielt werden und gleich auch vor Ort in der für alle heimischen Kindergärten benötigten Gesamtstückzahl auf eine einheitliche CD gepresst werden. Ein gemeinsamer Werte-Kanon zu unschlagbaren Preisen. Völkerverbindung schon unter den Kleinsten im Zeichen des Mottos: Von Kindern, für Kinder. Denn Freiheit ist immer die Freiheit der Anderslenkenden.

ÖSTERREICH DARF NICHT SPANIEN WERDEN

Natürlich steht auch dem ewiggestrigen Schutzpatron des öffentlichen Raums sein gesunder Schlaf zu. Ruhig Blut! Kunst und Kultur dürfen freilich auch im allgemein zugänglichen Straßenbild nicht fehlen. So lässt sich mit etwas Bereitschaft zu wohlwollender Raumgestaltung der vermeintliche Unterhaltungswert künstlerischen Treibens durchaus mit nutzbarem Sinn kombinieren. Stichwort Mehrwert, Beispiel Hofreitschule. Der unsägliche Unsinn, dass ausgerechnet das vaterländische Pferd in einer südländischen Lehranstalt halbtags vor sich umherhüpft (und das wiederum ausschließlich zur Belustigung eigens angereister Ausländer) muss doch bitte ein Ende finden. Das kann der unterforderte Gaul gerne in seiner Freizeit treiben, aber beruflich (im Sinne der tierischen Lebenserfüllung und erst recht des Gemeinwohls) ist da schon mehr drin. Und einmal mehr ist es die konzentrationsfreudige Politik neuen Stils, die hier die richtigen Antworten parat hat. Das österreichische Innenministerium setzt zunehmend auf berittene Polizei. Insbesondere im Umgang mit dem gemeinen Drogendealer ein ausnehmend zielsicherer und zugleich kulturfördernder Zugang:

Hoppe, hoppe, Reiter,
kriegt er Schläg, dann schreit er.
Landet auf der Stelle in der Häfen-Zelle,
prasseln Prügel dumpf, macht der Neger plumps.

Und bevor der Zellennachbar des Rauschgifthändlers, der militante Tierschützer, noch zu rotieren beginnt, sei festgehalten: Für das altersbedingt für den Polizeidienst nicht mehr arbeitstaugliche Problem-

pferd sieht der österreichische Innenminister und Gaul-Leiter selbstredend Alternativen vor.

Aber beim jungen, beim arbeitsfähigen Gaul muss die Devise lauten: Null Toleranz. Hier hat beinhart durchgegriffen zu werden.

DIE ÖSTERREICHISCHE HITPARADE

»Österreich wird oft nicht schön gefunden,
weil es stets mit Geräusch verbunden.«
Wilhelm Busch, Ausländer

Hier eine kleine Auswahl österreichischen Liedguts. Begleitet werden die Stücke allesamt auf der Luftgitarre. Zum Luftgitarrespielen empfiehlt sich grundsätzlich eine entspannte, unaufgeregte Haltung. Die Knie sind dabei leicht gebeugt, die linke Hand befindet sich in Supination. Das Handgelenk erfährt eine handgemachte Flexion, dem unaufdringlichen Wippen im Ganzkörperbereich lassen wir freien Lauf. Der rechte Arm vollzieht gleichzeitig eine dezente Abduktion im Schultergelenk, der Ellbogen befindet sich wiederum in Flexion. Wichtig: die Reposition des Daumens dieser unserer rechten Hand, denn: Wir simulieren das Halten eines Plektrons. Es folgen eine Palmarflexion sowie eine abwechselnde Radial- und Ulnarabduktion. Dazu empfehlen sich ergänzende Gimmicks unterschiedlicher Spielarten. Sehr gut kommen in der Regel der nach dorsal geworfene Kopf, lasziverous Augenrollen, der vorgetäuschte Kaugummi, unwiderstehliche Kopulationsbewegungen im Beckenbereich sowie ein simulierter Gebissfehler.

HERBERT PROHASKA ÜBERALL

Herbert Prohaska überall.
Hörts ihr nicht dem schönem drittem Fall?
Er steht vorn Tor, er köpft dem Ball,
er gaberlt ihm fünfhundert Mal.

Herbert Prohaska, à la long
widmen mir dir diesem schönem Song.
Ihm siechst in ORF, im jeden Dorf,
jetzt auch mit ohne Bart sehr scharf.

Herbert Prohaska, o wie lacht
uns im jeden Fall die Stille Nacht.

NEUNUNDNEUNZIG EINZELFÄLLE

Habt ihr vielleicht ein bisserl Zeit?
Wir hätten da eine Kleinigkeit,
warum die Welt so bös zu euch
ist und zu ganz Österreich.

Der Blödsinn, wir wären hängen geblieben
im Neunzehnachtunddreißig-Wien,
der löst sich auf in Rauch und Schall
als bedauernswerter Einzelfall.

Neunundneunzig Einzelfälle,
Nazi-Sager, Burschi-Bälle,
Hakenkreuz und Hitlerbild:
Hört, wir haben nur Paintball gespielt.

Schluss jetzt mit dem alten Hut
und klar: Es war nicht alles gut.
Jetzt gibt's wieder einen Mordskrawall
wegen so einem blöden Einzelfall.

Das Liederbuch vom Holocaust
ist unschuldig vom Himmel gesaust.
Der Hitlergruß ist uns passiert,
wird völlig missinterpretiert.

Die Kornblume, das darf man sagen,
haben schon Adam und Eva getragen.
Und schon sind's wieder aktuelle
neunundneunzig Einzelfälle.

Der Kanzler, der hat nichts gerafft,
sein Vize fühlt sich angepatzt.
Und Grund für diese Unglückswelle
sind neunundneunzig Einzelfälle.

Doch nicht mit uns, wir werden uns wehren.
Wir waren das nicht. Wer geht schon gern
hinein in die Gefängniszelle?
Wegen neunundneunzig Einzelfälle.

JEDE ZELLE MEINES KÖRPERS IST ZWIDER

Jede Zelle meines Körpers ist zwider,
jede Körperzelle scheiße drauf.
Jede Zelle meines Körpers ist zwider.
Wenn das so weitergeht, dann scheiß i drauf.

Jede Zelle an jeder Stelle, jede Zelle voll in Oasch.
Jede Zelle an jeder Stelle. Hörts, es Zellen, jetzt geht's in Oasch!

OTTO BRUSATTI

Die anen hören die Trackshittaz, die andern die Kabine,
i bleib in der Tosca, meine Liebe gilt Undine.
Hallo, geile Anna, singst ma no a bissal Carmen,
Oida, bam, bist du Netrebko, Hohes C kennt kein Erbarmen.

Des is schwul? Kau net stimmen.
I man des voll ernst, Oida, kumm, tanz ma die Quadrille!
I was wirklich net, wen nimm i, Wagner, Bach, Giuseppe Tartini,
fetzen eine, bist du hinig, stön den Pop-Schas voi in Schottn,
glei wer i voi einebrodn,
des wirst jetz nie erodn.
I bin Hofratswitwentröster.
Puppe, du bist süß als wie mei Mama ihr Zwetschkenröster!

A in da Nocht kann i's niemals lossen,
pscht, Kiwarei drom bei da Stroßn.
Heit werns uns ned vahoftn,
i will mein Holländer fliegen lossn.
Scheiß au, Oide, kumm jetzt eina,
die foahn e scho wieda weida.
Sei ka Luschi, schwing den Booty,
geht scho, auf die Bühne, Puppi.

Otto Brusatti, Bildungsbürger vuigas.
Otto Brusatti, he, was machst denn du da?
A Opern-Party, in der Nacht, zu zweit mit Julia.
Otto Brusatti, Rentner-Romeo is super.

RED MAS IN A SACKERL

So deppert kann die depperte Debatte gar ned sein,
dass sich nicht ein paar Depperte darüber deppert freuen,
und zu dem Depperten, was eh schon deppert gredt worden is,
no was viel Depperteres deponieren, nur eines is gwiss:

Wann sich einmal wirklich kein Depperter mehr findt,
der zu dem Depperten no was viel Depperteres findt,
dann ist das kein Problem, da sind wir nicht eingeschnappt,
dann hat der Allfelix einfach keine Zeit gehabt.

Komm, red mas in a Sackerl!
Ehrlich, ich hör mir es später an, ich bin schon gespannt.
Komm, red mas in a Sackerl!
Das klingt echt interessant.

A SOCKN, DER VIERUNDZWANZIG STUNDEN FÄULT

So lang i was, dass i wen hab, den i ned mag,
solang is jeder Tag für mi a glücklicher Tag.
Wann i nur gspia, dass i zwida wia,
dann fühl i mi guad als wia
a Sockn, der vierazwanzig Stunden fäut.

Dann is ma wurscht, was da Wettafrosch prophezeit.
Wann i an Grant hob, dann was i nie, ob's stürmt oda schneit.
I blas mi auf in da Wohnungstür,
pudl mi auf, fühl mi guad als wia
a Sockn, der vierazwanzig Stunden fäut.

Und die Leut, dies olle wissen von Haus zu Haus,
schauts alle her: So schaut a gstandener Grantler aus.
Was fang i nur an mit so ana Frustration?
I hab ja Gott sei Dank mehr davon, als i allan verbrauchn kann.

Am liabstn was ma, wann jeder so mit mir fäut und dass sie
immer so weitergeht, die gropferte Zeit.
Wann i an Zorn in mia wachsn spür,
dann komm i ma vor als wia
a Sockn, der vierazwanzig Stunden fäut.

Solang i was, dass es no wen gibt, der mi mag,
kriag i an Zorn, renn i haaß, frog mi, was i falsch gmocht hob.
Wann i ned fäun kann, dann bin is ned.
In nächsten Leben komm i auf die Welt
als Sockn, des wa mei großer Traum,
als Sockn, ned gwaschen, sieben Tag tragen,
als Sockn, der vierazwanzig Stunden fäut.

ACHTEN SIE AUF DIE MARKE

»Die Wahrheit ist eine Tochter Österreichs.«
Aulus Gellius unter seinem Pseudonym *Andreas Khol*

Aus dem Nähkästchen der Autoren: Unsere beiden kleinen Töchter haben das Undenkbare getan, sie haben sich ein Twinni geteilt. Handelt es sich hier um einen bedauerlichen Einzelfall oder grenzt das bereits an NGO-Wahnsinn?

Keine Frage: Würden unsere Mädchen Kopftücher tragen, kämen sie gar nicht erst in die missliche Lage, sich ein jämmerliches Twinni teilen zu müssen. Eingewanderte Kopftuchträgerinnen klären den täglichen Twinni-Bedarf im Rahmen des morgendlichen Service-Telefonats mit der örtlichen Caritas-Stelle und erhalten die wohltemperierten Doppellutscher kurz danach frei Haus geliefert (Quelle: Internet). Müssen wir echte Österreicher uns derlei wirklich bieten lassen? Nein, müssen wir nicht. Wir müssen lediglich lernen zu erkennen, was richtig (also richtig richtig und nicht unrichtig) und was dem entgegengesetzt falsch (also definitiv nicht richtig) ist. Für den vereinzelten Fall, dass etwas zwar als falsch gilt, aber dessen Richtigkeit der Richtigkeit unseres natürlich richtigen Denkens zuträglicher wäre, kennt der autochthone Österreicher einen versöhnlichen Mittelweg: Es ist ihm egal, dass es falsch ist. Und demnach ist es richtig.

Im Grunde ist die Sache aber viel einfacher: Der Ausländer ist falsch. Der Österreicher hingegen richtig. Und wenn jemand per se mit persönlichkeitsprägender Falschheit ausgestattet ist, liegt es naturgemäß auf der Hand, dass sich ebendieses falsche Gegenstück zum richtigen Österreicher mit passend inkorrekten materiellen Gütern eindeckt. Ja, der Ausländer erwirbt Neues mit Vorliebe in Form von

Fälschungen, also Fake News, jetzt ist es raus. Demnach befindet sich der Ausländer in einem direkten Abhängigkeitsverhältnis. Es braucht schließlich jemanden, der ihm diese fälschlicherweise nicht als Fälschungen ausgewiesenen Fälschungen zur Verfügung stellt. Und dafür eignet sich einmal mehr und wiederum: ein Ausländer. Ein anderer Ausländer. Der Ausländer produziert Fälschungen für den Ausländer. Ein abgekartetes Spiel.

Dass der Ausländer durch seine Fälschungsfreudigkeit sich mitunter auch selbst schadet, erkennt er natürlich nicht, der Ausländer. Erst kürzlich hat sich offenbart, dass etwa durch die Fälschung von Autoreifen dem europäischen Ausländer, aber vielmehr noch dem Österreicher insgesamt dreihundertvierzig Millionen Euro Steuergeld durch die Lappen gegangen sind. Das entspricht mehr als viereinhalb Milliarden der einzig richtigen Währung. Ein heimtückisches Unterfangen, schließlich ist der falsche Ausländer im Fälschen richtig gut. Das Problem: Die gefälschten Autoreifen sind mit freiem Auge selbst für den richtigen Österreicher kaum als solche zu erkennen.

Insbesondere, wenn etwa weiße, schleimige Bremsspuren auftreten, sollte dies als eindeutiges Indiz für gebrauchten Gummi gelten: Ich glaube, irgendetwas stimmt nicht mit den neuen Marken-Reifen von meinem Auto. Der Gummi ist ziemlich feucht und riecht nach

Erdbeere. Aber selbst im spirituellen Zentrum gelebter Aufrichtigkeit, in Österreich, sind wir vor Fälschungen nicht gefeit.

DIE GRÜNE FÄLSCHUNG

Bereits im längsten Bundespräsidentschaftswahlkampf der österreichischen Bundespräsidentschaftswahlkampfgeschichte täuschte der irrtümlich erfolgreiche Kandidat aus den Reihen der grünen Partei den Wähler mit seiner vermeintlich heimattreuen Kampagne. Alexander Van der Bellen tauschte Jutesack und Birkenstock gegen den Kaunertaler Walkjanker, radelte im Fünftürer von Volksfest zu Volksfest und vermittelte zunehmend den Eindruck, er wollte nicht Bundespräsident werden, sondern Weinkönigin. Offenbar quälte den spätberufenen Teilzeitpatrioten die Angst, sein wahres Gesicht könnte die wütende Elite aufrechter Österreicher auf den Plan rufen und ihn mit Morddrohungen konfrontieren. Unsinn! Ist doch gerade Alexander Van der Bellen für Mörder ein denkbar undankbares Opfer. Da schießt du auf ihn, und er? Fällt frühestens eine halbe Stunde später um und nicht, bevor er eine letzte Zigarette geraucht hat. Das tut sich doch niemand an. Außerdem sollte sich gerade Van der Bellen in einer derart kritischen Situation sehr gut gegen Angreifer wehren können: Hau ab, oder ich rauch dir eine an.

Damit nicht genug. Auch im folgenden Salzburger Landtagswahlkampf war die grüne Spitzenkandidatin auf Plakaten zu sehen, wie sie altersbedingt klein geratenen Österreichern eine anständige Tracht verpasst, untermalt mit dem Slogan: Heimat beschützen. Unglaubwürdig! Schnell durchschauen der altersweitsichtige Österreicher und insbesondere wir Gebrüder Moped, dass uns hier ausgerechnet die inländerfeindlichen Grünen ihre neu gewonnene Liebe zur Heimat lediglich vorgaukeln, während wir doch ganz genau wissen, was uns blüht, wenn die Ökos erst einmal an der Macht sind.

Islamisierung im Straßenverkehr:
Burka-Pflicht für Mopeds

DIE ROTE FÄLSCHUNG

Noch tollpatschiger gestaltet sich der vorgetäuschte Rechtsruck bei den Sozialdemokraten. Wenngleich Christian Kern als der optisch schönste Parteiobmann seit Fred Sinowatz gilt, das sozialdemokratische Wording hat der ehemalige Bundeskanzler noch immer nicht drauf: Freundschaft, Seilschaft, Prost.

Erbärmlich hilflos versucht sich die Partei mit Slogans der heimattreuen Mehrheit im Lande anzubiedern: Jörg Haider würde heute SPÖ wählen. Unglaubwürdig, aber nachvollziehbar. Die SPÖ verliert laufend Wähler. Klar, dass sich die Partei jetzt starkmacht für ein Wahlrecht für Tote.

Auf Biegen und Brechen versucht die Sozialdemokratie am Erfolg des rechten Mitbewerbers mitzunaschen. Ihren Funktionären bietet die

SPÖ neuerdings Photoshopkurse an, damit sich künftig jeder von ihnen sein eigenes Jugendfoto gemeinsam mit Gottfried Küssel basteln kann.

DIE PINKE FÄLSCHUNG

Wenn tatkräftigst hochgekrempelte Ärmel zu Fleisch werden, dann entstehen Neos. Ob in Hemd oder Bluse. Doch Vorsicht. Die Neos treten an für die Legalisierung von Marihuana, und das bei gleichzeitiger Privatisierung des Wassers. Dies führt unweigerlich zu fatalen Folgen insbesondere bei der Wasserpfeife. Ein Täuschungsmanöver reinsten Wassers. Die Gesamtkosten bleiben nämlich konstant: Das Marihuana schmeißen sie dir in der Apotheke nach, dafür musst du das Wasser bei Nestlé bestellen.

Die politischen Ziele entsprechen zwar konsequent den Bedürfnissen der leistungslastigen Kundschaft beim Meinl am Graben. In der Öffentlichkeitsarbeit aber sind die Pinken bemüht, auch die alleinerziehende Frau an der Kassa anzusprechen:

DIE FARBLOSE FÄLSCHUNG

Er spaltet seine Partei und treibt mit Freund und Feind das beliebte Spiel Bin-da-bin-wieder-weg. Bleibt zu hoffen, dass Peter Pilz keinen VW Phaeton fährt.

Aufdeckungen über Täuschungsmanöver aus dem Eck seiner aktuell ehemaligen Parlamentspartei in spe müssen aus Gründen des Jugendschutzes hier aber leider zugedeckt bleiben.

DIE BLAUE FÄLSCHUNG

Leider sind Tendenzen in die falsche Richtung auch bei den anständigen und fleißigen Freiheitlichen nicht ausgeschlossen. Insbesondere in der zwar in Sachen Syntax und Sympathie tadellosen dritten Reihe der Funktionärsriege kommt es vereinzelt zu fälschlichen Ausflügen in die linke Gehirnhälfte. Dann, wenn etwa durch falsch verstandene Toleranz heimischen Kleinkindern das tote Kalb verwehrt wird:

DIE TÜRKISE FÄLSCHUNG

Die türkise Fälschung? Eine vorsätzliche Täuschung aus dem christlich-sozialen Eck? Mit Verlaub: Sie existiert nicht. Wie denn auch. Die türkise Partei vulgo Die neue Volkspartei verfügte bislang über deutlich zu wenig Gelegenheit, ihre Wählerschaft bewusst zu täuschen. Klar, die ÖVP ist für grausige Vergehen dieser Art eindeutig zu kurz im Geschäft, sie ist zu jung, zu neu. Kaum Regierungsverant-wortung während der letzten Jahrzehnte und durchwegs aufrechtes Personal (von Dollfuß bis Grasser) legen die schlichte, im Sportjourna-lismus übliche Bewertung nahe: zu kurz eingesetzt.

Oder aber auch: Ein musterhaftes Vorbild zur Aufrechterhaltung der österreichischen Wahrheitspflicht. Und die ist erfreulicherweise gerade in diesen Tagen wieder stark im Kommen. Die Zeiten des unvorsichtigen Schielens auf die Unarten des Ausländers scheinen vorbei. Und wenn nicht, setzen wir uns derweil ein Kopftuch auf und bestellen uns bei der Caritas ein Twinni nach dem anderen.

DIE ÖSTERREICHISCHE KARRIERELEITER

»Mir ist gegeben alle Gewalt im Himmel und in Österreich.«
Jesus Christus

Gemäß aktueller Erhebungen wünschen sich fünfundzwanzig Prozent der Österreicher einen starken Führer für ihr Land.

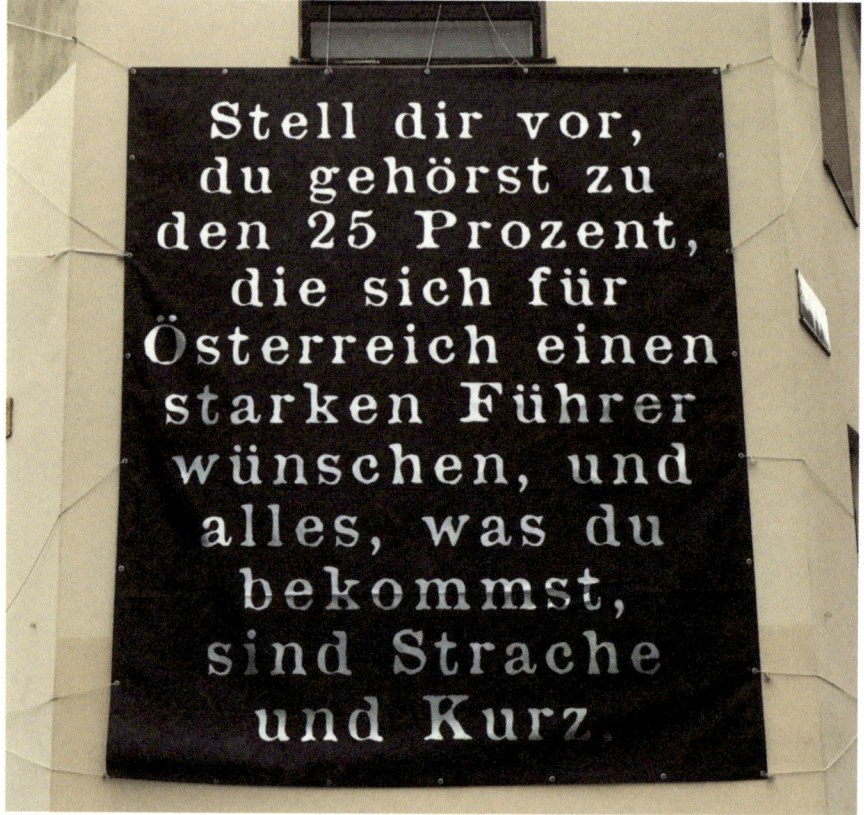

Dies bedeutet, dass stolze fünfundsiebzig Prozent der Landsleute dafür als Kandidaten in Frage kommen. Glücklicherweise gilt der österreichische Boden als ausnehmend vorteilhaftes Fundament für die gepflegte Laufbahn nach oben. Die rot-weiß-rote Karriereleiter und ihr mit Fleiß und Anstand erklimmbarer Dreistufenplan: Leistung, Aufstieg, Erntedank.

DIE LEISTUNG

Österreich gehört den Tatkräftigen, plakatierte die Österreichische Volkspartei vor einigen Jahren in einem ihrer bundesweiten Wahlkämpfe. Und recht hat sie, die Volkspartei. Denn die Leistung, jene Arbeit, die in einem genau definierten Zeitraum selbstlos verrichtet wird, ist ein Wert aus Österreich. Erfunden vor etwa eineinhalb Jahrhunderten im Bezirk Innsbruck Land vom Tiroler Universitätsmechaniker James Watt.

Watt, zugleich Namensgeber seiner Heimatgemeinde Wattens, die naheliegenderweise auch als Stützpunkt des geschliffenen Unternehmens Swarovski herhalten darf, erkennt als Erster sehr richtig: Leistung muss sich wieder lohnen. Ein alpiner Leitsatz, der insbesondere im sozialdemokratischen Umfeld gerne bewusst und naturgemäß von ideologischen Scheuklappen verblendet missinterpretiert wird. Nein, nicht die Leistung, heißt es hier, sondern der Lohn, ja richtig gelesen, der Lohn müsse sich wieder lohnen. Oder wie es der gemeine Physiker präziser formuliert: Lohn ist Lohn dividiert durch Lohn, ein Formelkonstrukt, das den geübten Mathematiker erst recht aufschreien lässt. Denn landet der Lohn erst einmal unter der Bruchlinie, verbietet ihm alleine das Gesetz der Rechenkunst den für seinen Erstbesitzer mitunter vorteilhaften Wert null (Stichwort: sozialistische Verbotskultur), was in Folge auch jegliches Ehrenamt verunmöglicht und demnach als frauenfeindlich eingestuft werden muss. Oder soll die einfache Frau für ihre Arbeit gar doppelt bezahlt werden? Schließlich ist der Lohn der Frau beim Lohn des Mannes bereits mitgemeint.

Es sei dem Sozialdemokraten deshalb ins Parteibuch geschrieben: Gehalt ist keine Lösung. Die Leistung zählt. Höchst erfreulich, dass zumindest in Kreisen der konservativen Volkspartei dies schon die Allerjüngsten erkennen. Zum Beispiel die der ÖVP nahestehende Schülerunion. Wie von Medien kürzlich geleakt, verfügt die Schülerunion für all ihre Mitglieder, also ausweislich für jene Parteigänger mit Glied, über eine exakt geschlüsselte Punkteliste. Das einzelne Mitglied sammelt Punkte durch Leistung, im Konkreten durch Heavy Liebkosing und mitunter tiefergehende sexuelle Handlungen mit jenen Teilhabenden, die bedauernswerterweise über kein Glied verfügen, aber (und das zeichnet die christlich-soziale Herangehensweise eben aus) dennoch nicht vom gemeinsamen Prozess ausgeschlossen werden. Die Verteilung der punktuellen Auszeichnung ist denkbar einfach: Es gibt Punkte für Schmusen, die sich durch nachfolgenden Geschlechtsverkehr später sogar verdoppeln lassen. Zusätzlich wird eine weitere Vervielfachung der Punktezahl in Aussicht gestellt durch den wachsenden Status des gliedlosen Teilhabers. Der Sex mit dem femininen Landesschulsprecher zählt demnach deutlich mehr als der mit dem schlichten Schülervertreter weiblichen Geschlechts.

Eine große Unklarheit in Bezug auf das menschliche Miteinander, liebe männliche Leser, scheint damit endlich geklärt. Sollten auch Sie in Jugendjahren mit einer Jungfunktionärin der Österreichischen Volkspartei geschlechtlich interagiert haben, wird es zweifelsfrei bei Ihnen Verwunderung ausgelöst haben, als die Begattete Sie nach dem vollzogenen Akt mit einer mitunter unorthodoxen Frage konfrontiert hat: Sagen Sie, sammeln Sie die Markerln?

DER AUFSTIEG

Österreich, das Land der begrenzten Unmöglichkeiten. Wer hier anständig Punkte sammelt, dem steht bekanntlich alles offen. Ein solcherart tüchtiger Aufstieg auf der Karriereleiter sollte nicht einmal der langjährigen Vorsitzenden der österreichischen Grünen (oder, um genau zu sein, eines grünen Plagiats, nicht des Originals aus Hütteldorf) verwehrt werden. Ja, auch Eva Glawischnig gelang der rechtzeitige Absprung raus aus dem basisdemokratischen Sumpf der eigensinnigen Verantwortungslosigkeit hinein in das pflichtbewusste Leben des echten Österreichers. Sie wechselte die Fronten und ist heute als Verantwortungsmanagerin für den österreichischen Spielsuchtkonzern Novomatic tätig, den die gottlob Bekehrte in ihrer Funktion als

Grünen-Politikerin für seine Praktiken noch scharf kritisiert hatte. Die erwartbare Konsequenz: massive Aufregung bei Österreichs Linksradikalen. Bei allen beiden.

Die folgende mediale Empörung hingegen parierte Glawischnig mit einem gelenken Strich durch die Rechnung: Aus zeitlichen Gründen derzeit bitte keine Presseanfragen, Eva Glawischnig eröffnet am Nachmittag ein Atomkraftwerk und ist übers Wochenende auf Jagd.

Und ja, mit ihrer grünen Vergangenheit kann Eva Glawischnig durchaus Bewusstsein bei Spielsüchtigen schaffen. So hoch kann der Einsatz gar nicht sein, am Ende folgt der Ruin. Glawischnigs erste Maßnahme: Die Einführung von einarmigen Transgenderautomaten mit banditenhaftem Hintergrund.

Exkurs: Alleine der Umstand, dass selbst die vermeintlich rücksichtslose Spielsuchtindustrie sich selbstlos einen Verantwortungsmanager leistet, löst bei den Autoren dieser Festschrift bislang ungeahnte Hoffnung aus. Auch in fortgeschrittenem Alter ist mit etwas Mut der Absprung aus den Höhen brotloser Kunst und künstlerischer Selbstverliebtheit noch möglich: Ich werde jetzt Menschenrechtssprecher beim Ku-Klux-Klan. Und ich Bildungssprecher bei der FPÖ.

DER ERNTEDANK

Einer, der es bereits geschafft hat, ist Wolfgang Baumann. Er, der zum Generalsekretär im österreichischen Verteidigungsministerium Avancierte und Träger des Goldenen Ehrenzeichens für Verdienste um die Republik, verdient unsere Hochachtung und Ehrfurcht. Als nachweislich ausgezeichneter Österreicher versteht es Wolfgang Baumann natürlich auch, mit dieser seiner Erhabenheit entsprechend umsichtig und demütig umzugehen. In einer schlichten Weisung an alle Kasernen des Landes tut er kund: Sämtliche derzeit hängenden Bilder mit Vorgesetzten sind um das Foto des Herrn Generalsekretärs (in der Reihenfolge Herr Bundespräsident, Herr Bundesminister, Herr Generalsekretär) ehestmöglich zu ergänzen.

Was is da los, was wird da g'spielt, im ganzen Haus kein Baumann-Bild? Die visuelle Präsenz des Herrn Generalsekretärs scheint unumgänglich, denn Wolfgang Baumanns Konterfei powert dreifach. Zum einen sind alleine die ästhetischen Gründe hervorzuheben: Er sieht einfach gut aus. Zum anderen erleichtert sein Gesicht den einfachen Führungskräften im Heer die tägliche Arbeit. Künftig können sie auf Baumanns Foto zeigen und ihre Soldaten anbrüllen: Wenn ihr nicht spurt, kommt er.

Tipp: Um unseren Präsenzdienern einen Sprung ins kalte Wasser zu ersparen, empfiehlt sich zusätzlich in allen Kasernen ein Wolfgang-Baumann-Info-Corner.

Der letzte und wohl entscheidende Anreiz, sich Wolfgang Baumann (gegebenenfalls durchaus auch im eigenen Wohnzimmer) an die Wand zu nageln: Wolfgang Baumann wirkt. Ganzheitlich, umfassend, kollektiv. Denn wer den Herrn Generalsekretär nicht ehrt, ist den Führer nicht wert.

DIE GROSSEN GEFAHREN

»An dünnen unmerkbaren Österreichern hängen oft
fürchterliche Gewichte.«
Friedrich Schiller

Wunderbaum und Wellnessurlaub waren gestern. Wer heute im Warmbad gesellschaftlicher Dabeiseinsberechtigung mitplantschen möchte, kommt am ultimativen Must-have des einundzwanzigsten Jahrhunderts nicht vorbei:

Angst.

Der neue heiße Scheiß zur persönlichen Positionierung. Hier die aktuell größten Gefahren, denen der Österreicher ausgeliefert ist:

ALARMIERENDES ALKOHOLVERBOT

Noch im Jahr Zweitausenddreizehn veröffentlichte das Land Kärnten eine Broschüre für schwangere Frauen, in der empfohlen wird, selten und wenig Alkohol zu trinken. Einige Jahre später ist man auch in Kärnten dem lebensbejahenden Mainstream verfallen und rät von Alkohol in der Schwangerschaft ab. Dieser gefährliche Paradigmenwechsel kommt einem Frontalangriff auf das Kärntner Brauchtum gleich: Ein Gläschen in Ehren, jetzt darfst du gebären.

Leider kann man die guten Erfahrungen aus der Vergangenheit heute nur noch schwer erfassen. Wie heißt es so schön im südlichsten Bundesland Österreichs:

Natürlich sind gängige Vorurteile mit Vorsicht zu genießen. In Kärnten wird gar nicht so viel Alkohol getrunken. Abgesehen vom Villacher Fasching, dem Villacher Kirtag und der Schwangerschaft.

Die Wehen setzen ein. Man bringe heißes Wasser und zwei große Cola-Rot!

Auch politisch stellt der neue Zugang zu Alkohol in der Schwangerschaft Kärnten gehörig auf den Kopf. Bisher waren die Fronten klar: Dem Kärntner reicht die Ortstafel in einsprachiger Ausführung. Er sieht sie von Geburt an so und so doppelt.

BRENZLIGE BURKA

Bekannt und beliebt ist der Österreicher unter anderem für seinen geschmackvoll auserlesenen, eleganten, mitunter auch glamourösen Kleidungsstil. Ob auf dem Tanzparkett, im Büro oder einfach nur beim

Hinuntertragen des Mülls, der Österreicher hat stets ein gutes Händchen, wenn es um sein Äußeres geht: Bauchtasche, Schlauchhaube, Maurerdekolleté.

Die Vollverschleierung ist da natürlich Gift für das Auge des Österreichers. Dennoch hat die Burka längst unser Land erobert. Sie importiert eine akute Gefahr für die österreichische Bevölkerung. Ja, die Burka, das zu Stoff gewordene Synonym für den gepflegten Terroranschlag, ist brandgefährlich. Ein Blick in die Statistik reicht: Nahezu alle Terroristen in der Geschichte waren weiblich und trugen Burka.

Außerdem passt die Vollverschleierung einfach nicht zum Weltbild des Österreichers. Abgesehen von ihrer terroristischen Attitüde stellt die Burka nämlich ein Symbol für die hierzulande mehr als unübliche Unterdrückung der Frau dar. Man sieht damit doch so schlecht beim Kochen, Putzen und Bügeln.

Ein Verbot des umstrittenen Kleidungsstücks lag auf der Hand und wurde dankenswerterweise mittlerweile auch umgesetzt. Eine rigorose Maßnahme im Sinne der subjektiven Sicherheit unserer Landsleute. Dennoch sind die üblich verdächtigen Schreihälse des öffentlichen Lebens nicht davon abzuhalten, gegen das Burkaverbot Stimmung zu machen. Ihre Motivation: Eigeninteresse. Ihr prominentester Vertreter: Bruce Wayne, besser bekannt unter seinem verschleierten Ordensnamen Batman.

CHARAKTERLOSE CHARAKTERSTÄRKE

Seit Jahrzehnten lebt Österreich in Frieden. Und dennoch herrscht Krieg. Krieg gegen unsere historisch gewachsene politische Kultur. In einem unerbittlichen Kampf versucht ein gnadenloser Aggressor dieses unser höchstes Gut zu demolieren. Der Name des (wohlgemerkt weiblichen) Aggressors: Charakterstärke.

Unterstützt von Intellektuellen und selbsternannten Qualitätsmedien sucht sie den Marsch durch die Institutionen, um unser System von innen zu zertrampeln. Österreich muss alles daran setzen, die Charakterstärke um jeden Preis aus den Kreisen der politisch Verantwortlichen auch weiterhin fernzuhalten.

Mit ihr im Bunde wären heute gar viele unsere Republik so prägenden Eckpfeiler undenkbar. Hätte sie einst Einzug in Österreichs Politik genommen, unser Land wäre nicht wiederzuerkennen. Wir würden, versunken im politischen Chaos, ein jämmerliches Österreich vorfinden. Und keinen stabilen Staat, in dem zur Not schon auch einmal der Drittplatzierte Bundeskanzler wird, in dem der Korrumpierte vergisst, wo seine Leistung war, in dem der Korporierte Nationalratsabgeordneter wird, in dem das Amt der Nationalratspräsidentin zum Ferienjob wird, in dem man Armutsbetroffenen Eigentumswohnungen nahelegt, in dem Großindustrielle Wahlkämpfe steuern, Regierende in Hetzblättern inserieren und Kärnten tschetschenenfrei wird.

Anmerkung der Autoren: Wir können euch zu Weihnachten nichts geben. Wir können euch für den Christbaum, wenn ihr überhaupt einen habt, keine Kerzen geben. Kein Stück Brot, keine Kohle zum Heizen, kein Glas zum Einschneiden. Wir haben nichts. Wir können euch nur bitten: Glaubt an diese Charakterlosigkeit!

DIFFIZILES DASEIN

Die größte Gefahr für den Bewohner der österreichischen Bundeshauptstadt stellt das Leben selbst dar. Das echte Leben, das lebendige Leben, das Leben der Lebenden. Denn, wie andernorts erklärt, bevorzugt der Wiener eher jene zeitlichen Abschnitte, die rund um das eigentliche Leben stattfinden. Mit seinen Friedhöfen ist er gemäß einer entsprechenden Studie sehr zufrieden. Vor allem unter den

Dauergästen herrscht hier massiver Seelenfrieden. Einmal vorbeigeschaut, für immer geblieben. Die Wiener Friedhöfe verstehen das Prinzip der Kundenbindung wie kaum ein anderer öffentlicher Betrieb. Einsatz bis zum Umfallen. Da liegt das positive Feedback auf der Hand. Der Wiener liebt seinen Friedhof als Inbegriff vollendeter Lebensqualität. Stellt der Ort der letzten (oder wie man in Wien sagt: der ersten) Ruhe doch die einzige Zusammenkunft dar, bei der alle das Maul halten und voreinander kuschen. Und wie kommen die Toten untereinander aus? Gibt es auch hier eine Neidgesellschaft? Ach, du? Bist sicher nur scheintot, Pseudo!

Das Erfreuliche: Dreiundachtzig Prozent der Friedhofskunden haben noch keinen Anlass gefunden, sich zu beschweren. Bleibt die Frage: Wie sieht es mit dem Rest aus? Die verbleibenden siebzehn Prozent sind stinksauer. Ständige Nachbarschaftsstreitigkeiten, null Freizeitangebote und trostlose Aussichten. Die besorgten Bürger unter den Toten. Friedhöfe entsprechen dem Idealbild einer österrei-

chischen Reihenhaussiedlung: solide gebaut, adrette Vorgärten und die Kinder sind leise. Größter Beliebtheit erfreuen sich in Wien neuerdings naturnahe Bestattungen. So verfügt auch der Zentralfriedhof nunmehr über einen eigenen Waldfriedhof. Ist das ein Begräbnis, Papa? Nein, das nennt man Waldsterben. So erlebt selbst der Großstädter den langweiligen Waldspaziergang in neuer, attraktiver Form: Ich geh über Leichen. Außerdem erfreut der Mercedes unter den Friedhöfen in der Business Class seines Areals – dem Zweiten Tor – neuerdings seine Gäste auch mit einem Kaffeehaus nach dem modernen Konzept der Erlebnisgastronomie.

Ein regelmäßiger Besuch auf dem Friedhof bietet der ganzen Familie die Möglichkeit, der akuten Gefahr des lebendigen Lebens zu entweichen. Am Friedhof menschelt es.

ELENDIGE ERDERWÄRMUNG

Wir werden alle sterben und sind am Ende auch noch schuld daran. Die Lüge vom Klimawandel, einer der größten Gefahren der kommenden Jahrzehnte.

Einmal mehr liefern auch in diesen grenzüberschreitenden Agenden ausschließlich die Freiheitlichen die richtigen Antworten. Den Klimawandel führen sie auf natürliche Entwicklungen zurück. Schuld an der Erderwärmung sei nicht der Mensch, sondern die Erwärmung der Sonne. Und die Freiheitlichen haben natürlich auch hier recht. Erinnern wir uns an die erfrischende Zeit Anfang der Vierzigerjahre: ein Bett im Kornblumenfeld. Das war immer frei, und wie schien dort der Feuerball noch herrlich kühl. Aber die heutige Sonne? Inländerfeindlich.

FURCHTEINFLÖßENDE FAKE-MUSICALS

Fiese Geschäftemacher locken den österreichischen Kulturfeinspitz immer häufiger in Musicalproduktionen, die den Eindruck erwecken, eines der bekannten Meisterwerke zu sein, sich aber letztlich als billige Fakes herausstellen. Achten Sie auf die Marke, greifen Sie zum Original: *König der Möwen*, *Ich war schon öfters in New York* oder:

GEMEINGEFÄHRLICHER GENDERWAHN

Die krampfhafte Einbindung einer mehrheitsfähigen Minderheit verunstaltet unsere Sprache und gefährdet das Zusammenleben. Zu gendern bedeutet, Frauen in unserer Sprache vorkommen zu lassen. Und warum? Weil es sie gibt. Das darf doch aber bitte nie und nimmer Grund dafür sein, sie in Schrift und Sprache einzubeziehen. Schließlich gibt es auch Kaffeemaschinen, Kastanienbäume und Kopfsteinpflaster. Und dennoch binden wir Kaffeemaschinen, Kastanienbäume und Kopfsteinpflaster nicht unentwegt in jedes von uns gesprochene Wort ein. Wo kämen wir denn da hin?

Am weitesten getrieben hat den Genderwahn die grüne Partei in Klagenfurt. Dort verpassten sich männliche Politiker weibliche Titel.

Grüß Gott, Herr Stadtobfrau! Der Anreiz zu diesem Schritt: Man möchte Frauen vor den Vorhang holen. Als ob wir dafür die Klagenfurter Grünen gebraucht hätten. Frauen vor den Vorhang zu holen ist doch ein uraltes Konzept, auf das Tausende Oben-ohne-Bars seit jeher schwören. Wenigstens versprechen die gegenderten Männer in Klagenfurt Konsequenz. Sie werden sich künftig nicht mehr betrinken, sondern sich lediglich einmal im Monat einen hinter die Binde kippen.

HAARSTRÄUBENDE HYMNE

Im Schnitt ist der Österreicher einhundertachtundsiebzig Zentimeter groß. Die durchschnittliche Österreicherin misst einhundertfünfundsechzig Zentimeter. Einhundertachtundsiebzig Zentimeter sind deutlich mehr als einhundertfünfundsechzig. Der Österreicher ist demnach größer als die Österreicherin. Der Österreicher ist groß, die Österreicherin klein. Punkt. Wer daran zweifelt, möge doch bitte einen Blick in die vorhandene Fachliteratur werfen, in die österreichische Bundeshymne. Dort ist der dringend nennenswerte Umstand unmissverständlich dokumentiert: Heimat bist du großer Söhne.

Zu unser aller Verderben hat ein linksrabiates Bündnis rund um die christlich-soziale Anarcho-Politikerin Maria Rauch-Kallat vor einigen Jahren erzwungen, dass der lyrische Faktencheck aus der rot-weiß-roten Hymne entfernt, künftig verheimlicht und gnadenlos verfälscht wird. Die sogenannte neue Hymne verbreitet bewusst und durchschaubar lupenreine Alternative Facts. Sie wurde abgeändert auf: Heimat großer Töchter und Söhne. Als ob die Wahrheit den Österreichern nicht zumutbar wäre. Schnell erkannt hat dies der österreichische Paragleiter mit Korporationshintergrund Norbert Hofer. Er betont, dass er seine Bundeshymne bitte doch genau so singen möchte, wie dies auch seine Mutter und seine Großmutter getan haben. Heimat bist du großer Söhne. Recht hat er. War doch gerade die Hymne unserer

Großmütter eine so ausnehmend schöne. Zwischen Neunzehnhundertachtunddreißig und Neunzehnhundertfünfundvierzig.

IRREFÜHRENDE IMMIGRANTEN-PARTEI

Bei der Nationalratswahl zweitausendsiebzehn trat erstmals die Partei Neue Bewegung für die Zukunft (NBZ) in Erscheinung, eine Migranten-Partei, die sich selbst als Mitte-Rechts-Partei bezeichnet. Eine gewagte Melange. Eine rechte Migranten-Partei beschreibt schließlich ein recht breites Spektrum. Raus mit Inländern, raus mit Ausländern, raus mit uns! Unser Land könnte so schön sein, befänden sich nicht diese ganzen Menschen darin.

Ein Zugang, dem dringend Einhalt geboten werden muss. Bringt er doch unser traditionelles Schwarz-Weiß-Schema gehörig ins Wanken. Wobei Rechte mit Migrationshintergrund durchaus auch Vorteile genießen: Nach den Parteisitzungen geht's zum Ausländer-Klatschen. Und das im selben Raum. Praktisch.

JÄMMERLICHE JUNKIEMUSIK

Immer wieder wird der österreichischen Bevölkerung vonseiten der Politik gedroht, künftig die Militärmusikkapellen komplett einzusparen. Eine für die Sicherheit fatale, eine regelrecht angsteinflößende Maßnahme. Finger weg von unserer Militärmusik!

Gerade im Kampf um unsere österreichischen Landsleute auf italienischem Staatsgebiet (Operation: Heim ins Österreich) werden die Militärmusikkapellen gebraucht wie ein Bissen Brot. Dann nämlich, wenn sie geschlossen an der Südtiroler Grenze stationiert sind, um in Dauerschleife ein einziges Lied zu spielen: Ham kummst.

Bleibt die Frage: Was folgt, wenn sämtliche Schlachtgesänge abgesagt sind? Leistet sich unsere Republik dann zumindest eine Zivildiener-Musikkapelle?

Der Marsch wird nimmer blasen, der wird graucht in an Herndl.
Wir wickeln oide Omas und wir fiadan sie mit Keandln.
Des gibt an schenen Klang, wenn die Opas umawanken tan.
Und wenn's uns nimmer gfreit, dann gemma halt in Krankenstand.
(aus: Hapfenstreich, Arschmusik der vereinigten Verweigerer)

KÜMMERLICHE KUSCHELPÄDAGOGIK

Weg mit dem linksgrünversifften Samthandschuh! Wer unsere Kleinen fit für die Wirtschaft machen möchte, kommt in unseren Bildungseinrichtungen nicht um ein leistungsorientiertes Notensystem herum. Da können die dauerempörten Falterfahrradfahrerinnen noch so vehement dagegen treten, da können sie noch so laut nach einer notenfreien ersten Klasse rufen, die Wahrheit ist: In der Volksschule ist es bereits zu spät. Hier sollten sich unsere Schützlinge längst an den blutigen Kampf um den Klassenerhalt gewöhnt haben. Die Benotung muss sehr viel früher in Kraft treten.

Sehen wir uns doch die beinharten Fakten an. Mittlerweile sind wir an dem dramatischen Punkt angelangt, dass von hundert Neugeborenen hierzulande kein einziger Deutsch kann. Und warum? Weil die Geburt nicht benotet wird. Nicht genügend, setzen! Zurück in Abrahams Wurstkessel!

Spätestens im Kindergarten braucht es die strenge Trennung zwischen den Tüchtigen und Tollpatschigen beim Laternenfest und Nachprüfungen im Kleckern und Patzen. Nur so wird die Aufrechterhaltung unserer heimischen Kultur garantiert. Ziel muss sein, dass die kleinen Österreicher nach dem positiv absolvierten Kindergarten unsere heimatkundlichen Basics erlernt haben. Sie sollten zumindest die Hautfarben kennen und den rechten Arm heben können.

LINKISCHE LÜGENPRESSE

Die Presse lügt. Und alle, die das Gegenteil behaupten, lügen erst recht. Es gibt keine Lügenpresse? Lüge! Die Existenz der Lügenpresse lässt sich mittlerweile auch faktisch beweisen. Und wer liefert uns diesen Beweis? Die Lügenpresse höchstpersönlich, indem sie felsenfest behauptet, es gäbe sie nicht, die Lügenpresse. Wenn uns nämlich die Lügenpresse in ihrer verlogenen Art vorlügt, dass sie, die Lügenpresse, nicht lügt, dann ist das eine Lüge. Würde sich die Lügenpresse hingegen ungelogen und selbstkritisch als Lügenpresse outen, wäre das natürlich gelogen, weil die Lügenpresse dann ihr Dasein als Lügenpresse bestätigt hätte, und man könnte ihr durchaus abnehmen, dass sie die Wahrheit sagt. Sagt sie aber nicht, deshalb: Lügenpresse, verdammte.

MISERABLE MARIONETTEN

Ungute Entwicklungen machen dem ältesten Gewerbe die Kundschaft strittig: Sexpuppen. Sie sind mittlerweile elektronisch bestens ausgestattet und derart vif, dass sie mit ihren Besitzern auf Augenhöhe kommunizieren können. Das Sexspielzeug der Gegenwart ist imstande, mit dir über Fußball und Aktienkurse zu plaudern. Klingt verlockend, ist es aber nicht. Verfügen die vifen Puppen nämlich auch nur über einen Funken Verstand, treffen sie sich nach kurzer Zeit doch nur noch mit den Ehefrauen der User zum vernünftigen Plausch.

Die denkende Sex-Marionette ist eine riskante Angelegenheit. Erst musst du mit der Smart-Puppe zwei Stunden reden, bis kurz vor dem Geschlechtsakt der Akku ausgeht. Ein Wertewandel im Liebesspiel: Der leere Akku ist die neue Migräne.

Aber auch andere Entwicklungen irritieren den abendländischen Seitensprung. Prostituierte beklagen das Verschwinden von Manieren der Generation Youporn im Sexgeschäft. Hört man sich im Kreise älterer Prostituierter um, wie die Geschäftsanbahnung früher, als die Männerwelt noch nicht durch und durch verdorben war, über die Bühne ging, sehnt man sich gerne nach der guten alten Zeit zurück.

• Darf ich Sie aus Ihrer für das menschliche Rückgrat per se ungesunden vertikalen Haltung befreien, Gnädigste?

• Mademoiselle, hätten Sie die Güte, mich kraft Ihres zarten Händchens vom vulgären Blutstau, der meine Leibesmitte plagt, zu befreien?

• Verehrtes Fräulein, ich ersuche Sie höflich, gegen angemessenes Salär Ihr geschätztes Rektum für ein unlanges Weilchen als Refugium für meine erregte Männlichkeit anmieten zu dürfen.

• Gestatten, Verehrte, ich ersuche höflich um Erlaubnis, Ihnen gegenüber als penetrante Person auftreten zu dürfen.

Die Zeiten von Strizzi und Peitscherlbua sind vorbei. Ja, das heimische Rotlicht schimmert heute anders. Einerseits muss das traditionelle Puff dem unpersönlichen Laufhaus, dem Coffee to go der Sexarbeit, weichen, andererseits weist die Kultur der Freier ein unaufhaltsames Minuswachstum auf. Es besteht Handlungsbedarf, Rotlicht fürs Rotlicht.

NERVIGE NAZIKEULE

Sie ist das liebste Accessoire des Nestbeschmutzers: die Nazikeule. Sobald tüchtige und fleißige Österreicher es auch nur wagen, die eine oder andere gesellschaftliche Fehlentwicklung umsichtig anzusprechen, kommt sie zum Einsatz. Ja, da reicht bereits eine kleine Prise Antisemitismus, der Hauch eines brennenden Flüchtlingsheims oder die situationselastische Leugnung des Holocausts. Schon heißt es vonseiten der selbsternannten Moralapostel, man sei ein Nazi. Man kann doch bitte nicht jeden Nazi gleich ins rechte Eck stellen. So viele haben hier doch gar nicht Platz.

Um das Image der Patrioten wieder ins rechte Licht zu rücken, veranstaltete man in Linz vor geraumer Zeit erstmals einen Kongress der Verteidiger Europas. Das wird man doch noch veranstalten dürfen. Wenngleich der Begriff Europa ein wenig unglücklich erscheint, handelt es sich hier um einen ganz gewöhnlichen Kongress mit umfassend gelungenem Rahmenprogramm.

In der Kantine gibt es Holo-Kost, Reichs-Burger und Mineralwasser (entweder still oder vergast), alles liebevoll kredenzt in feinstem Reichskristall. Friseure präsentieren die neuesten Frisurentrends für Skinheads. Für den musikalischen Rahmen sorgt der freiheitliche

Gefangenenchor. Später folgt Musik vom Plattenspieler, wobei die strammen Teilnehmer die Wahl haben zwischen dreiunddreißig und fünfundvierzig.

Einer der Redner am Kongress bezauberte das Publikum derart, dass es ihn später mit dem höchsten Amt im Bundesministerium für Inneres belohnte. Dies brachte nicht nur ordentlich Schwung in die Szene, sondern auch anderes zum Schwingen. Die Nazikeule zum Beispiel.

OBSKURER OFEN

Besonders besorgniserregend gestaltet sich die Situation im Märchenwald. Da landet eine alleinstehende Seniorin im Ofen, eine Tochter wird vergattert zur Zwangsarbeit in der Schneeflockenproduktion und das Haustier dem bösen Wolf vorgeworfen. Wird der Märchenwald zum Kriminalitätshotspot? Wir haben uns bei Menschen auf der Straße umgehört, was sie zu diesen beunruhigenden Entwicklungen sagen:

• Hänsel und Gretel sind doch bitte selber schuld. Wenn mir jemand die Hausfassade kaputt macht, bekommt der auch Scherereien. Ich hab gelesen, der alten Hexe haben sie sogar den Kitt aus den Fenstern herausgefressen. Einer alten Frau! Wo sind wir denn? Skrupellos, eine Frechheit!

• Was soll das überhaupt für eine Frage sein? Wieso hast du so große Ohren? Man kann seine Großmutter doch nicht auf ihr Äußeres reduzieren. Es zählen die inneren Werte. Die Cholesterinwerte des Wolfs.

• Zwei Stunden hab ich letzten Winter mein Auto ausschaufeln müssen, nur weil die Goldmarie, die gierige Funsn, nur an ihren Profit denkt.

• Meine Großmutter hat, als sie der Wolf gefressen hat, drei Monate auf einen Termin beim Jäger warten müssen, damit er sie rausschneidet. Das ist doch der eigentliche Skandal.

Die Sorge in der Bevölkerung ist mehr als berechtigt. Die sogenannte Pechmarie hätte man doch gar nicht erst hineinlassen dürfen. Aufgrund einer verantwortungslosen Willkommenspolitik finden am Brunnen keine ordentlichen Grenzkontrollen statt. Danke, Holle! Schluss damit! Eine Pechmarie brauchen wir hier nicht.

Wo kommen wir denn hin, wenn sich unsere Geißlein nachts nicht mehr aus dem Uhrenkasten heraustrauen? Der Wolf hat in unserem Wald nichts verloren. Hirsch, Reh, Wildschwein: Unser Wald für unsere Tiere!

Knusper knusper knäuschen, raus aus unserem Häuschen. Das muss man sich einmal auf der Zunge zergehen lassen: Da ist dieser illegalen

Terrorhexe plötzlich der Finger eines einheimischen Buben nicht mehr dick genug. Wo soll das hinführen? Für Kinderarbeit und Kannibalismus ist uns unser Lebkuchen zu schade.

PROBLEMATISCHE PARTNERSCHAFT

Wenn sich die Kernaufgabe des Staates auf die Bevormundung seiner Bevölkerung reduziert, stellt dies eine Gefahr für den sozialen Frieden dar. Bestes Beispiel: die Ehe für alle. Eine ungeheuerliche Zwangsbeglückung. Als ob die fünfundneunzigjährige Witwe nicht schon gestraft genug wäre mit der morgendlichen Suche nach Brille und Zähnen, muss sie sich jetzt auf ihre alten Tage auch noch einen neuen Ehepartner suchen. Ehe für alle. Wollen wir hoffen, dass die konkrete Einwohnerzahl Österreichs aktuell eine gerade ist, sonst bleibt am Ende einer übrig. Dieses fremdbestimmte neue Ehegebot gilt wohlgemerkt auch für gleichgeschlechtliche Paare. Kein Entkommen. Durften doch Homo-Paare bisher mit der lediglich eingetragenen Partnerschaft vorliebnehmen. Die aber soll nun auch heterosexuellen Paaren angeboten werden. Allein, wie erklärst du deinem bisherigen Ehepartner einen derart geplanten Downgrade im Beziehungsstatus? Du, Schatz, ich würde gerne auf zwanzig Stunden reduzieren.

Die Ehe für alle geht einher mit der Verpartnerung von Sebastian Kurz und Heinz-Christian Strache. Nachdem offensichtlich auch der stramme Studienabbrecher und der aufgeregte Zahntechniker mit der steifen Körperhaltung nicht am Gleichmacherwahn des Mainstreams vorbeikommen, kann man sich ausrechnen, was die neue linke Rechte noch alles im Köcher hat: Haschtrafiken für die Fleißigen und Tüchtigen, die Zwangsvegetarisierung von Andreas Gabalier und die gesamte Südautobahn als Begegnungszone. Völker, hört die Randale!

QUÄLENDE QUACKSALBER

Lassen Sie mich durch, ich muss zum Arzt! Eine Erhebung unter mehr als zweihundert Medizinern belegt, dass die politische Einstellung des Allgemeinmediziners sein Handeln am Patienten beeinflusst. Die große Gefahr: der politisch korrekte Arzt. Während der Arzt rechts der Mitte einem übergewichtigen, kiffenden Alkoholkranken die Schusswaffe empfiehlt, rät der politisch korrekte Onkel Doktor zur Selbstabtreibung auf Krankenschein.

Lästig sind vor allem grüne Ärzte. Sie verschreiben dir sündteure alternative Heilmittel, die nur an einschlägigen Umschlagplätzen erhältlich sind. Einziger Vorteil: die kurze Wartezeit.

Beim grünen Arzt ist das Wartezimmer immer so schön leer. Dem Neos-affinen Mediziner ist die Diagnose egal. Die Therapie bleibt dieselbe: Umarmen eines Baumes, dreimal täglich.

Rasch und effizient hilft lediglich der freiheitliche Arzt. Statt der bürokratisch lästigen eCard reicht ein einfacher Ariernachweis. Binnen Sekunden erkennt er bei jedem Leiden die naheliegende Ursache: Flüchtlinge.

RISKANTE RADFAHRER

Wovor hat der Wiener am meisten Angst? – so die Fragestellung einer aktuellen Studie in der Bundeshauptstadt. Das Resultat: Radfahrer. Und das aus gutem Grund. Gesund, umweltschonend, lärmvermeidend, ressourcenneutral: Das Fahrrad, ein von der Lügenpresse gehyptes, von der Ostküste und der Ökomafia gesteuertes Teufelsvehikel. In der Wiener FPÖ-Hochburg Simmering kommt es bereits zu ersten Fahrradverbrennungen. Satellitenaufnahmen westlicher Geheimdienste zeigen erschütternde Bilder. In eigenen Camps in Afghanistan werden burkatragende Frauen zu Fahrradfahrerinnen ausgebildet, um dann über die Balkanroute nach Wien eingeschmuggelt zu werden.

Der alljährlich schrecklichste Kriegsschauplatz: die Österreich-Rad-rundfahrt.

Der brutale Kampf zwischen Fahrradlobby und Autofahrer wird mehr und mehr zum Glaubenskrieg. Die Innung der Taxifahrer fordert nun ein Verbot für das Anbringen von Fahrrädern vor Schulen. Recht haben sie. Keine religiösen Symbole in den Bildungseinrichtungen unserer Kinder!

SCHAUDERHAFTE STERNSINGER

Der Österreicher verdient seine Ruhe. Eindringlinge von außen gelten demnach als Störfaktoren. Dies beginnt bereits in der kleinsten privaten Zelle, dem persönlichen Wohnbereich. Wenngleich der ordentliche Österreicher heute über ein umfassendes Aufgebot an Sicherheitseinrichtungen verfügt, vom einfachen Metall-Scanner bis zu den altgedienten Thujen (dem Anti-Terror-Poller des ländlichen Raums), lässt es sich nicht verhindern, dass Fremde ungefragt an deiner Tür klingeln. Während sich Amateure leicht mit einer Portion Unfreundlichkeit abwimmeln lassen, sind es vor allem professionelle Banden wie etwa die Zeugen Jehovas, die kommunikationstechnisch einen Schritt voraus sind. Bei Letzteren nützt nicht einmal das in Profikreisen durchaus gern gesehene Angebot einer Spende. Zu groß scheint die Angst, es könnte sich um eine Blutspende handeln. Noch schwieriger verhält es sich mit den Sternsingern. Zu denen kannst du noch so unfreundlich sein, exakt ein Jahr später, exakt am selben Tag (als würden sie sich ihn notieren) stehen sie wieder auf deiner Fußmatte. Die Sternsinger gelten als die gefährlichste unter den professionellen Keilerbanden: Menschen mit arabischem und nordafrikanischem Aussehen, die dem einfachen Österreicher das Stiegenhaus verqualmen, ihn anbetteln und ihm am Ende die Tür anschmieren. Vorsicht ist geboten.

TÖDLICHE TATTERGREISE

Besonders gefährlich lebt es sich in Vorarlberg. Insbesondere im Brandfall. Denn die Vorarlberger Feuerwehr leidet unter Nachwuchsmangel und Überalterung. Jeder vierte Feuerwehrmann in Vorarlberg ist über sechzig Jahre alt.

Dies führt nicht nur zu einer massiven Gefährdung der gemeinen Bevölkerung, sondern auch zu enormen Kosten und großem Personalaufwand. Vorne die Feuerwehr, dahinter die Altenbetreuung, und am Ende der Kolonne fährt der Leichenwagen.

Der Feuerwehreinsatz gestaltet sich demnach einigermaßen unorthodox: Erst retten die für die Feuerwehrleute zuständigen Altenpfleger die Brandopfer. Danach retten die Brandopfer die Feuerwehrleute. Es herrscht Optimierungsbedarf.

UNBEKÖMMLICHE UNTERGRUNDBAHN

Den Wiener Wurschtelprater gibt es seit mehr als zweihundertfünfzig Jahren. Er zählt nach wie vor zu den großen Magneten der Stadt. Mit dem Thrill des Alltags in den öffentlichen Verkehrsbetrieben kann jedoch keine seiner Attraktionen mithalten. Gegen den Spießrutenlauf, der einen in der U6 erwartet , nimmt sich eine Fahrt mit der Geisterbahn wie eine Runde auf dem Hello-Kitty-Rad durch den Märchenwald aus. Eine Wellness-Imagination gegen das mulmige Gefühl, wenn man einen Ritt durch Otto Wagners einstige Stadtbahn-Steige hinter sich bringen muss. Man muss sich gut auf den satanischen Slalom durch das Labyrinth der Lemuren in einer Station vorbereiten: Hochgeschlagener Mantelkragen, die Körperhaltung im unauffälligsten Max-Mustermann-Mimikry-Modus und den Blick jedenfalls dermaßen fest zu Boden gesenkt, als suche man mit passabler Erfolgsaussicht die verlorenen neunzehn Milliarden Euro aus dem Hypo-Debakel. In der Manteltasche sollte die Hand auf alle Fälle das Mobiltelefon dermaßen umklammert haben, dass ein rettender Anruf im Ernstfall binnen Sekundenbruchteilen erfolgen kann. Und selbst dann ist man vor dem Schlimmsten nicht sicher. Wähnt man sich schon in Sicherheit, weil man zwei Drittel des Weges und ein Dutzend der Wegelagerer abgeschüttelt hat, just im letzten Moment kannst du darauf wetten, dass hinter dem verdrecktesten und uringetränktesten Erker nicht noch eine der aufdringlichen, distanzlosen, verzweifelten, nach deinem sorglosen bürgerlichen Wohlbehagen trachtenden, anonymen finsteren Gestalten lauert, unvermittelt vor dein plötzlich leichenblasses Antlitz springt und dich fragt: Haben Sie ein Herz für Tiere? Und ehe du ein Telefonat mit Mama faken kannst, endet die Begegnung mit einem Dauerauftrag für den Umwelt- und Tierschutz.

VERHEERENDER VANILLE-ENGPASS

Schatz, kannst du bitte den Bausparer auflösen? Der Bub will Vanilleis. Missglückte Ernten treiben den Vanillepreis in erschreckende

Höhen. Vanille ist heute teurer als Silber. Darunter leidet nicht nur die Geldbörse der Eltern. Es wird auch die Zahngesundheit unserer Kinder in Mitleidenschaft gezogen, wenn sie zur billigen Ersatzdroge greifen müssen: Silbereis. Außerdem beißen sich immer häufiger Kinder ihre Milchzähne aus, weil ihre Omas nur noch minderwertige Silberkipferl backen.

Bei diesen Preisentwicklungen wird endlich schlüssig, warum sich Milli Vanilli als billiger Fake herausstellten. Im heutigen Hip-Hop jedoch hat Vanille längst die Oldschool-Goldkette ersetzt. Als Pionier gilt einmal mehr der Austrorapper Vanille Boy.

WAGHALSIGE WILLKOMMENSKULTUR

Leider kommt es selbst in freiheitlichen Kreisen hin und wieder zu missverständlichen Situationen. Ungut ist das, wenn vereinzelte Besucher von FPÖ-Veranstaltungen den Arm zum Hitlergruß heben. Wann wird die blaue Anhängerschaft das endlich begreifen? Die Willkom-

menskultur ist vorbei. Wir können schließlich nicht alle nehmen. Österreich muss für Ausländer unattraktiv werden. Es wird uns nicht erspart bleiben, über kurz oder lang die Tiroler Berge zurechtzustutzen, die Kärntner Seen zu vergiften und das Schloss Schönbrunn mit Parolen zu beschmieren.

Einzige Alternative: Österreich präsentiert sich vorsätzlich provokant von seinen Schokolade-Seiten, um den Einreisenden gezielt zu überfordern und ihn vor Neid erblassen zu lassen:

Das Problem an der Willkommenskultur ist, dass sie von der linken Zivilgesellschaft vereinnahmt wird. Wesentlich nachhaltiger gestaltet sich da schon die rechte Willkommenskultur mitten aus der rechten Zivilgesellschaft. Für die rechte Zivilgesellschaft ist jemand nur dann ein echter Kriegsflüchtling, wenn er im Krieg zumindest erschossen wurde. Der Grundgedanke ist freilich ein ähnlicher. Natürlich sieht man auch die rechten Bahnhofsklatscher der rechten Zivilgesellschaft ebenso freudig wie ihre linken Mitbewerber am Bahnsteig stehen und heftig applaudieren. Bei jedem leer ankommenden Zug. Hashtag: #trainofhate. Das Gute an der rechten Zivilgesellschaft ist, dass sie den Flüchtlingen zumindest eine klare Botschaft vermittelt: Ja, ihr könnt gegebenenfalls bleiben. Aber nur dann, wenn ihr euch anpasst und genauso lebt wie wir. Mit blauem Parteibuch. Mit Glatze. Und mit nicht allzu guten Deutschkenntnissen.

X-BELIEBIGE XEROGRAFIE

Recep, mach schon mal den Kopierer an! Viertausend vor Christus wurde in der zur Marktgemeinde Ziersdorf gehörigen Ortschaft Radlbrunn (Bezirk Hollabrunn) das Rad erfunden. Demnach liegt das geistige Eigentum jedes seitdem gebauten Autos in Österreich. Das ist unumstritten, sollte man meinen. Der türkische Präsident Recep Tayyip Erdogan nämlich hat nun den Bau von türkischen Autos in

Auftrag gegeben. Ein Schlag in die Magengrube des österreichischen Erfindergeists. Für den echten Österreicher – dies gilt insbesondere für die dreihundertachtundachtzig Radlbrunner – stehen die geplanten Modelle freilich schon jetzt auf der Watchlist des persönlichen Einkaufszettels.

YOUTHFUL YVONNE

Nur vierzehn von achtunddreißigtausenddreihundertsiebenundsiebzig im Jahr zweitausenddreizehn in Österreich geborenen Mädchen heißen Yvonne. Das ist eine deutliche Minderheit und demnach Grund genug, hierzulande als Gefahr durchzugehen.

ZWEIFELHAFTER ZIPFELMANN

Seit Jahren provoziert ein ausländischer Lebensmittel-Discounter das österreichische Volk, indem er statt des klassischen Schoko-Nikolos eine geschlechtsneutrale Zipfelperson mit antiheteronormativem Schokoladenhintergrund anbietet. Gerade in Wien, der Stadt Sigmund Freuds, scheint der Zipfelmann besonders unangebracht. Am Ende leidet der Nikolo noch unter Zipfelneid.

Dieser gefährlichen Entwicklung ist dringend entgegenzuwirken. Für die kommenden Saisonen hat die provokante Supermarktkette nämlich noch weitere höchst fragwürdige Zipfelpersonen in ihrer Warteschleife.

Die Zipfel-Burka

Der Zipfel-Pilz

Oder kommt für den besorgten Wut-Mob im Netz endlich auch einmal etwas Versöhnliches?

DAS BÖSE AUS DEM AUSLAND

»Carpe Austriam.«
Quintus Horatius Flaccus

Die ausländische Weltgesundheitsorganisation WHO fordert, dass in Kinofilmen künftig keine Zigaretten geraucht werden dürfen. Rauchfreie Filme. Ist das der Auftakt einer umfassenden Welle gesundheitlich korrekter Filmtrends? Der Fairtrade-Porno, der laktosefreie Liebesfilm? Cineastische Veganer weisen zudem darauf hin, man möge doch ältere Filmwerke nicht mehr als alte Schinken bezeichnen.

Man kann es drehen und wenden wie man möchte, der ausländische Wunsch nach rauchfreien Filmen ist ein direkter Angriff auf Österreich. Den angeblichen Gesundheitsaspekt schiebt man vor, um mit rauchfreien Filmen zu verhindern, dass das Leben des österreichischen Bundespräsidenten verfilmt wird. Wenn uns aber das Ausland in die Knie zwingen möchte, muss es schon früher aufstehen. Diese Attacke wird sich Österreich nicht gefallen lassen. Die Republik Österreich fordert im Gegenzug umgehend ein Verbot von ausländischen Pornofilmen. Wegen akuter Nachahmungsgefahr. Sonst pflanzen sich diese Ausländer am Ende auch noch fort.

Der Ausländer versucht, die Überlegenheit des Österreichers, seine Vormachtstellung systematisch infrage zu stellen und durch unlauteren Wettbewerb gezielt zu attackieren. Einige Auserwählte tun sich dabei besonders hervor. Hier eine Auswahl.

DER FINNISCHE SPIELVERDERBER

Die Finnen sind die mit Abstand lästigsten Ausländer überhaupt. Sie belegen seit Jahrzehnten in jeder internationalen Studie die

Top-Position. Bildung, Selbstwert, Zusammenleben, immer können diese Finnen angeblich alles am besten. Zufällig in einer Sprache, die keiner versteht. Da stimmt doch etwas nicht. Kaum jemand hat dieses ach so tolle Land jemals tatsächlich gesehen. Finnland ist Fake. Bleibt zu hoffen, dass nicht auch noch Einwanderer aus Finnland (so es denn überhaupt existiert) zu uns nach Österreich kommen. Eine grauenhafte Vorstellung: eine Horde von Menschen, gebildet, selbstbewusst und sozial. Und das mitten in Österreich. Wie sollen die sich hier bitte jemals integrieren?

DIE DEUTSCHE PARALLELGESELLSCHAFT

Die mit Abstand größte Zuwanderergruppe zeichnet sich durch ein hohes Maß an Integrationsresistenz und einen massiven Mangel an Anpassungswillen aus. Hier gilt es auch einmal, der Mehrheitsbevölkerung reinen Wein einzuschenken und die Probleme klar anzusprechen. In erster Linie sprechen wir hier von grundsätzlichen Schwierigkeiten beim Spracherwerb, die sich durch die oftmalige Weigerung der Zugezogenen, sich den hiesigen Sprachgewohnheiten anzupassen, freilich nicht lösen lassen werden. Wenn etwa bereits im Alltag, beim Einkauf, die einfachsten Vokabeln wie Wagerl, Erdäpfel oder Semmeln nicht verstanden werden, sollten die Alarmglocken schrillen. Noch schwieriger gestaltet sich allerdings jedwedes Unterfangen, den deutschen Wirtschaftsflüchtlingen unsere Kultur näherzubringen. Wenn sie sich von ihren ursprünglichen Riten nicht trennen können und damit die Bevölkerung des Gastgeberlandes geradezu provozieren, indem sie an der Zubereitung fragwürdiger Speisen festhalten, uns die Studienplätze wegnehmen, die sogenannten ungeschriebenen Gesetze unserer Gesellschaft einfach ignorieren und sich ständig pünktlich, korrekt, sauber und fleißig geben. Aber so ist sie halt, die größte Migrantengruppe in Österreich: die Deutschen. Einhundertsiebzigtausend sind es bereits, und es werden jährlich mehr. Höchste Zeit also, sie mit maßgeschneiderten Kursen in Schlampigkeit, unfallfrei Zwirnknäuel-Aussprechen und Schnitzelbacken in unserem schönen Land zu assimilieren.

DER INDISCHE KATZENKILLER

In einem indischen Schulbuch wird das aktive Ersticken einer Katze anschaulich demonstriert und gelehrt. Seitdem kommt es unter indischen Eltern mehr und mehr zum großen Umdenken: Mein Kind bekommt kein Plastik mehr, sondern nur noch pädagogisch wertvolles Spielzeug, eine Katze. Wollen wir hoffen, dass die kleinen Inder in ihrem Schulbuch bereits im Kapitel davor gelernt haben, dass die Katze Miau macht. Schließlich trifft dies im Kapitel danach nur noch bedingt zu. Aus österreichischer Sicht geht man davon aus, dass besagter Katzen-Killer-Lehrgang einer indischen Form der Pisa-Studie entspricht. Denn wie intensiv sich die Kinder in Indien mit ihren Schulbüchern auseinandersetzen, wird man künftig gut an den Statistiken zur Katzenpopulation erkennen. Es ist nicht das erste Mal, dass indische Unterrichtsunterlagen unter scharfer Kritik stehen. So wird in einem anderen Schulbuch indischer Herkunft verbreitet, Japan hätte im Zweiten Weltkrieg Atombomben auf die Vereinigten Staaten von Amerika geworfen, was innerhalb der ausländischen Wolke zu großer Aufregung führte. Österreich bleibt neutral. Was geht uns das bitte an, welche Ausländer auf welche anderen Ausländer irgendwann irgendwelche Atome geschleudert haben? Nicht viel, wobei: Es erklärt uns zumindest den nicht selten eintretenden Fall, wenn uns als Österreicher beim Inder jemand, den wir noch nie gesehen haben, plötzlich gratuliert. Zum Sieg im Zweiten Weltkrieg.

DER NIEDERLÄNDISCHE AMTSSCHIMMEL

In Amsterdam hat ein städtisches Bordell eröffnet, ein öffentlich-rechtliches Puff, ein gemeinnütziges Laufhaus. Die Einweihung übernimmt der Bürgermeister höchstpersönlich: Hiermit erkläre ich diese Prostituierte für eröffnet. Aus österreichischer Sicht, aus der Perspektive der Erfinder des amtlichen Amtsweges ein amtlicher Irrweg. Werden die dort angestellten Beamtinnen doch nicht einmal pragmatisiert, sondern penetriert. Auch für die Kundschaft ist der planwirtschaftliche Bordellbetrieb durchaus gewöhnungsbedürftig: Die Frau Beate ist leider im Krankenstand, heute betreut Sie der Herr Fritz. Nicht ohne Kondom, nicht ohne Stempelmarke.

DAS KOLUMBIANISCHE RUDELPUDERN

In Kolumbien wurde erstmals eine Dreierehe, eine Ehe bestehend aus drei Personen, geschlossen. Eine Gruppenhochzeit, das vermeintlich positive Gegenstück zum Völkermord. Hat die klassische Ehekrise ausgedient? Braucht es etwa auch hier Erneuerung? Wir haben uns auseinandergelebt. Wer? Wir? Nein, ihr. Ihr von mir? Er von uns? Oder wir von dir? Auch die herkömmlichen Lösungsansätze vertragen ein Update: Ach, lass uns doch für ein paar Tage fortfahren, ganz alleine, nur wir neunzehn.

Die österreichische Kirche stellt sich naturgemäß gegen solche ausländischen Auswüchse. Müsste man letztlich doch die Bibel umschreiben: Wie du mir, so ich ihm. Abgesehen davon wirft eine dreifache Lebensgemeinschaft ein doch recht schräges Licht auf die Heiligen Drei Könige.

DIE BRITISCHE ZWEITFRAU

In eine ähnliche Kerbe schlägt eine Website aus Großbritannien. Die Partnervermittlung secondwife.com hilft muslimischen Männern bei ihrer Suche nach einer zweiten Ehefrau. Ja, die Werte des ausländischen Mannes weichen von denen des Österreichers deutlich ab. Zehn Verlobte statt zehn Gebote.

Dass die Anschaffung einer Zweitfrau vor allem im Islam Gefallen findet, liegt auf der Hand. Viele muslimische Männer sind mit ihren Erstfrauen nach ein paar Jahren einfach unzufrieden. Zu viele Falten. Vor allem in der Burka. Diese Vorgehensweise des Eheupgrades ist für den nachhaltig denkenden Österreicher undenkbar. Wir leben doch in keiner Wegwerfgesellschaft. Da lass ich meine Frau lieber fachkundig renovieren. Vereinzelt erhält die Haltung einer Zweitfrau auch in progressiven Kreisen positives Feedback. Mit einer solchen zeigt der eingewanderte Moslem doch nur, dass er sich in der neuen Gesellschaft integrieren will. Im Haushalt gilt dann halbe-halbe.

Um letztlich auch den kritischen Österreicher zu erreichen, setzt das Unternehmen vorerst auf vertraute Werbestrategien.

DER NORDKOREANISCHE MÖCHTEGERN-ÖSTERREI-CHER

Wenn es sich gerade nicht mit Frisurenfragen beschäftigt, droht das nordkoreanische Ausland den Vereinigten Ausländern von Amerika zur Entspannung von den Alltagssorgen gerne mit einem Atomangriff. Und wenn dieses in jeder Hinsicht so ferne Land gerade einen guten Lauf hat, kündigt es wiederum dem japanischen Ausland gleich selbiges an. Die möchten offensichtlich einen Weltkrieg anzetteln, diese Nordkoreaner. Welch ein ungeheuerlicher Affront uns Österreichern gegenüber. Was soll das denn bitte? Weltkrieg anzetteln ist unser Job. Im Klonen österreichischen Kulturguts zeigt sich der Asiate bekanntlich rücksichtslos und unverschämt. Der Chinese kopiert unsere Fremdenverkehrsorte, das nordkoreanische Bürstenschnittgenie unsere Bombenstimmung. Im direkten Duell in der Kategorie Ver-

ursachen von Weltkriegen steht es aber nach wie vor zwei zu null für Österreich. Oder eins zu null. Siehe Kapitel Österreich ist die Welt und die Welt wäre nichts ohne Österreich.

DER ISLAMISTISCHE SPAREFROH

Im Islamischen Staat wurde der Sold für Kämpfer um fünfzig Prozent gekürzt, ein sozialpolitischer Wahnsinn. Die einst so lukrativen Jobs im Djihad werden immer unattraktiver. Wer wird da schon gerne Selbstmordattentäter, wenn man nicht mehr davon leben kann? Früher galt es noch als Auszeichnung, wenn der Papa Henker war. Heute erntet man als armutsgefährdete Henkersfamilie nur noch Mitleid. Kopf hoch!

Die rigorosen Sparmaßnahmen im Islamischen Staat wirken sich auch für Österreich ungünstig aus. Wenn unsere Jungen nicht mehr in den Djihad zum Geldverdienen ziehen, belästigen sie uns am Ende wieder auf der Straße mit Keilerjobs für Tierschutzvereine.

DER POPULISMUS MACHT'S WIEDER GUT

»We can be Austrians, just for one day.«
David Bowie

Sie kennen das. Man erwacht frühmorgens, begibt sich umgehend in die Position des aufrechten Bürgers, blickt schlaftrunken aus dem christlich geprägten Fensterkreuz und erfreut sich am behutsamen Erwachen der wunderschönen Heimat. Vereinzelt brechen fleißige und anständige Vöglein die Ruhe, wenn diese in bewährter Manier auf deutsch-österreichisches Liedgut zurückgreifen.

Keine Sorge: Um die aufgeregte Twitterblase nicht schon in aller Herrgottsfrüh vor Empörung platzen zu lassen, werden zuvor von pflichtbewussten Raben Verse mit Einzelfallhintergrund ordnungsgemäß geschwärzt. Die Sonne trotzt der Klimawandellüge, und auch der rücksichtslose Radfahrer sowie der militante Nichtraucher sollten noch für Stunden außer Gefecht sein. Alles schläft, einsam wacht nur der traute hochheilige Rechtspopulismus. Er schläft nie, ist allzeit bereit. Rund um die Uhr sorgt er für ein gepflegtes Problembewusstsein, für unsere gefühlte Unsicherheit, und er begleitet seine Schäfchen liebevoll auf ihrer unermüdlichen Suche nach Sündenböcken.

Gerade in den Morgenstunden braucht der Österreicher den Rechtspopulismus wie einen Bissen Brot. Was tun, wenn der Tag erwacht und unser schales Dasein weder Angst noch ein Problem verspürt? Sie öffnen die Augen und fühlen sich weder in Ihrem Heimatbewusstsein beeinträchtigt noch in ihrer Tradition behindert und empfinden sich (unvorstellbar!) nicht einmal von anderen benachteiligt.

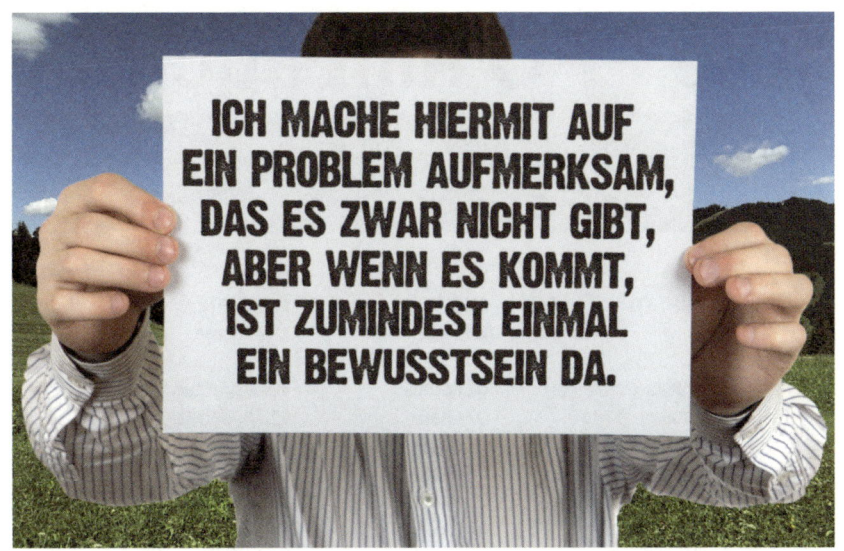

Da hilft der Problemgenerator. Keine Sorge, auch Sie verfügen über ein handfestes Problem. Sie müssen es lediglich als solches erkennen und für sich akzeptieren. Der ultimative Problemgenerator errechnet Ihre Problemlage, basierend auf Namen, Geburt und Wohnort. Finden auch Sie Ihr auf Sie ganz persönlich zugeschnittenes Problem und gehen Sie künftig angenehm besorgt und schwer benachteiligt in den Tag.

Die FPÖ hilft auch DIR!

Dein **GEBURTSTAG** +	Dein **GEBURTS-MONAT** +	Deine **POSTLEITZAHL** + beginnt mit
01 Arbeitsscheue	01 Berufs-	10.. Asylanten
02 Dauerempörte	02 Chaos-	11.. Ausländer
03 Drogenabhängige	03 Halbmond-	12.. Chemtrails
04 Familienfeindliche	04 Homo-	2... Demonstranten
05 Genderwahnsinnge	05 Kampf-	3... Emanzen
06 Gewaltbereite	06 Links-	4... Gutmenschen
07 Hasserfüllte	07 Parade-	5... Klatscher
08 Homosexuelle	08 Rotfunk-	6... Negerkonglomerate
09 Illegale	09 Schein-	7... Realitätsverweigerer
10 Inländerfeindliche	10 Schickeria-	8... Schmarotzer
11 Kiffende	11 Vorzeige-	9... Staatskünstler
12 Kriminelle	12 Willkommens-	
13 Kryptokommunistische		
14 Linkskatholische		
15 Linkslinke		
16 Manipulierte		
17 Maoistische		
18 Marxistische		
19 Nordafrikanische		
20 Nordkoreanische		
21 Österreichfeindliche		
22 Rabiate		
23 Rotgrüne		
24 Selbsternannte		
25 Sogenannte		
26 Stalinistische		
27 Subventionierte		
28 Tugendterroristische		
29 Ultralinke		
30 Unverbesserliche		
31 Verharmlosende		

Welches Problem hast du?

Dein
VORNAME   +
beginnt mit

Dein
NACHNAME
beginnt mit

A haben mein FPÖ-Parteibuch
B haben mein heimattreues Herz
C haben mein Kreuz an der Wand
D haben mein Wiener Schnitzel
E haben meine Badehose
F haben meine Andreas Gabalier CD
G haben meine Käsekrainer
H haben meine Kornblume
I haben meine Leber
J haben meine Österreich-Fahne
K haben meine Schäferhund
L haben meine Staatsbürgerschaft
M haben meine Urgroßmutter
N haben meine Vorfahren
O haben meinen Arbeitsplatz
P haben meinen Facebook-Kommentar
Q haben meinen Felix Baumgartner Poster
R haben meinen Geländewagen
S haben meinen Schoko-Nikolo
T haben meinen Schweinsbraten
U haben meinen Stammwirten
V haben meinen Stimmzettel
W haben meinen Taufschein
X haben mich vor dem Wahllokal
Y haben unsere inländischen Nachbarn
Z haben unseren Christbaum

A am Drogenmarkt verkauft
B auf ausländisch einen Popo genannt
C auf ein Fahrrad gesetzt
D drogenabhängig gemacht
E geraucht
F im Hinterhof gegrillt
G in den Dschihad geschickt
H in eine Haschtrafik entführt
I in eine Lesbe verwandelt
J in einen Ausländer verzaubert
K in einer Moschee versteckt
L kriminalisiert
M mit Binnen-I geschrieben
N mit Bio-Tomaten beworfen
O mit der Nazikeule bedroht
P mit veganen Haschkeksen abgefüllt
Q unter ihrer Burka vergraben
R vegan zubereitet und aufgegessen
S verboten
T zu einem Kebap-Stand gemacht
U zu Tode gegendert
V zum Demonstrieren genötigt
W zum Kopftuch gezwungen
X zwangshomosexualisiert
Y zwangsislamisiert
Z zwangsvegetarisiert

DIE RETTUNG DES ABENDLANDES

»Österreicher aller Länder, vereinigt euch!«
Kommunistisches Manifest

Wir leben im Abendland. Bis vor einiger Zeit wussten wir das gar nicht. Erst die wieder aufgeflammte Heimatliebe der letzten Jahre und das Bekenntnis zum österreichischen Weltbild erinnern uns daran. Wenn du vor ein paar Jahren in Österreich aus dem Fenster gesehen hast, war dort Gegend. Aber jetzt? Abendland. Sogar in der Früh.

Das Schöne am Abendland ist, dass es seinen Bewohnern nicht nur eine gemeinsame Heimat, sondern darüber hinaus auch eine sinnstiftende Aufgabe schenkt. Die grundlegende Herausforderung des

Abendlandes ist, dass es gerettet werden möchte. Man muss das Abendland retten. Unentwegt. Sieben Tage die Woche, bei Sturm und Regen, im Sommer, im Herbst, im Frühling, in Winter.

Das Privileg des Österreichers, gleichzeitig auch im Abendland zu leben, adelt sein Dasein mit einem gleichsam göttlichen Auftrag. Um das Abendland vor den Umtrieben des Auslandes zu beschützen, werden zahlreiche, nun folgende Maßnahmen getroffen.

DIE SCHULUNIFORM FÜR MÄDCHEN

Die steirischen Freiheitlichen fordern Schulmädchenuniformen, ein zweifelsohne großartiger politischer Schachzug. Endlich bekommen wir Klarheit: Die Funktionäre der FPÖ sind in ihrer Freizeit nicht, wie falsche Gerüchte unentwegt behaupten, auf Koks, sondern auf Youporn. Und natürlich ist es das gute Recht auch der FPÖ, sich über Bildungsfragen öffentlich den Kopf zu zerbrechen. Schließlich sprechen auch katholische Priester über Sex.

DER ALKOHOL FÜR MUSLIME

In einer Wiener Wirtschaftsschule müssen die Eltern einer Muslimin vor der Aufnahme durch ihre Unterschrift billigen, dass die Tochter im Kochunterricht Schweinefleisch und Alkohol verkosten wird. Ein überaus progressiver Zugang: Schüler probieren Alkohol. In vielen anderen Schulen dürfen die Kinder gar nicht ins Lehrerzimmer hinein. Der erwartbare Aufschrei der linkslinken Sozialromantiker folgt auf der Stelle. Doch wer denkt bitte an die Lehrerschaft dieser Schule? Täglich vor Unterrichtsbeginn eine Stelze und zwei Krügerl. Das muss gelernt sein. In einer Schule, die auf österreichische Werte setzt. Schweinefleisch und Alkohol gehören eben zur Leitkultur. Als weitere Aufnahmekriterien werden angeführt: Herrenhandtasche, Mundgeruch und ein Kinderzimmer im Keller.

DIE ANTI-ISLAMISMUS-HOTLINE

Wien verdankt seine viel bejubelte Lebensqualität allen voran der Ära Gudenus. In der Amtszeit des freiheitlichen Vizebürgermeisters Johann Gudenus wurden insbesondere im Bereich der Sicherheit die wichtigsten Weichen für die wachsende Wohlfühlmetropole Wien gestellt. Dies ist auch dem Umstand zu verdanken, dass dieses Amt über einen nicht unbedeutenden Zusatz verfügt: nicht amtsführend. Gudenus war nicht amtsführender Vizebürgermeister und hatte demnach keine Funktion, keine Aufgabe, keinen Sinn, der ihn in seiner kreativen und letztlich so wichtigen Arbeit für die gefühlte Sicherheit der Bürger in der österreichischen Hauptstadt einengen hätte können. Der herausragendste Output des bestbezahlten Hobbypolitikers seit der Erfindung des gut bezahlten Hobbypolitikers: die Anti-Islamismus-Hotline. Wien braucht eine Anti-Islamismus-Hotline. Wien

hat eine Anti-Islamismus-Hotline. Danke, Johann Gudenus. Keine Frage, in den Anfangstagen dieser bahnbrechenden Servicestelle war die Bevölkerung teilweise überfordert, in ihrem Umgang damit noch ein wenig verunsichert. Wann ruf ich denn dort an? Wenn mich jemand geköpft hat? Natürlich nicht, da hat man die Nummer der Anti-Islamismus-Hotline vielleicht noch im Kopf, aber nicht mehr bei der Hand. Doch wofür ist diese Hotline dann gut? Wenn ich einen Terroranschlag beobachte, rufe ich doch nicht den Vizebürgermeister an, sondern mache ein Handyvideo für Facebook. Die Hotline des Johann Gudenus gilt einfach als praktisches Tool für ganz gewöhnliche Unklarheiten im Alltag. Wenn man sich etwa bei Vollbärten nicht sicher ist: Hipster oder Häuslsprenger? Erwecke den Jesus in dir! Garantiert unbefleckte Empfängnis. Ruf. Mich. An.

DIE DEUTSCH-PFLICHT IN DER PAUSE
Ein Bündnis von Konservativen und Freiheitlichen in Oberösterreich besteht darauf, dass Schüler sich in ihren Pausen ausschließlich auf Deutsch unterhalten. Schön, dass offensichtlich auch in diesen Belangen nunmehr die Wirtschaft das Sagen hat. Früher wollte man, dass Menschen, die nicht Deutsch können, Deutsch lernen. Heute will man, dass Menschen, die nicht Deutsch können, zumindest keine Pausen machen. Ob man allerdings mit einer Deutschpflicht in der Pause nicht die oberösterreichischen Schüler überfordert, bleibt fraglich. Ein gewagter Ansatz, wenn Oberösterreicher auch in den Pausen Fremdsprachen können müssen. Ma voi, he!

DER ÖSTERREICHISCHE RAUSCH

»Kein Österreich ist auch keine Lösung.«
Die Toten Hosen

In seiner Ehrfurcht beschäftigt den Ausländer seit jeher eine nicht unwesentliche Frage: Woher nimmt der Österreicher seine umfassende Energie? Den vielen Gefahren trotzen, die ständige Wahrung des geliebten Kulturguts, die tagtägliche Rettung der fruchtbaren Heimatscholle. Das alles muss doch ungeheuerlich anstrengend sein. Schaltet der Österreicher denn nie ab? Doch.

Der Österreicher hegt und pflegt eine urgemütlich eingerichtete Parallelwelt. Seinen Rausch. Im Folgenden die wichtigsten Parameter zum Verständnis von Dusel und Delirium.

ALMRAUSCH

Der organisierte Alkoholkonsum in rustikaler Verkleidung boomt derzeit in der Bundeshauptstadt. Die Wiener Wiesn findet einmal im Jahr im Prater statt und verpasst dem Vergnügungspark einen gehörigen Modernisierungsschub: früher an jeder Ecke Dirnen, heute an jeder Ecke Dirndln. Und das in völkerverbindender Manier. Die Idee kommt aus Bayern, die Grillhühner aus Ungarn, die Dirndln aus Bangladesh und die Dekoration aus Plastik.

BÜRGERNÄHE

Eine Ausstellungseröffnung hier, eine Routenschließung dort. Für den bürgernahen Volksvertreter gilt Alkohol als unvermeidbares Arbeitswerkzeug. Zehn Bier hier, zehn Spritzer dort, alles nur aus Höflichkeit. Um entsprechend gerüstet zu sein für eine ordentliche Bewässerungspolitik in langen Lebern, bietet das Burgenland nun Lehrgänge an der neu eingerichteten Akademie Burgenland in den Metropolen Eisenstadt und Pinkafeld für neue Bürgermeister an. Der Bürgermeister soll Meister seines Fachs sein. Man will den burgenländischen Entscheidungsträger damit zumindest in die Nähe von Akademikern rücken. Im Moment befindet er sich eher in der Nähe von Adebaren. Mit beinharten Prüfungsfragen werden die künftigen Gemeindepolitiker ermittelt. Zählen Sie die sechs wichtigsten Sehenswürdigkeiten des Burgenlands auf: Kreisverkehr, Therme, Kreisverkehr, Therme, Kreisverkehr, Therme. Ich mach jetzt den Bürgermeister beim Hillinger.

COCASTRAUCH

Der unermüdliche Einsatz für die heimische Bevölkerung hat am Erscheinungsbild des freiheitlichen Führers deutlich Spuren hinterlassen. Gut gepolstert für kommende Heldendienste (Modell Gusenbauer sechzehn zu neun), trägt Heinz-Christian Strache seit geraumer Zeit auch Brille. Oder politisch korrekt formuliert: Seine Augenringe haben neuerdings Dioptrien. Der Mitbewerber führt diese körperliche Reifung niederinstinktiv auf einen ausschweifenden Lebenswandel zurück. Faul in der Hängematte verweilen illegal ins Land geholte Gerüchte um nasal eingenommene Mehlsorten mit Euphoriehintergrund. Nun reicht es dem unschuldig angepatzten Volksvertreter. Mehl braucht Kontrolle. Und freilich beweist ein Haartest: Drogenbefund negativ. Straches Nase hat eine weiße Weste. Dieses Ergebnis behagt gar nicht. Einerseits der wütenden Gegnerschaft, andererseits dem Probanden selbst. Strache reagiert empört, als ihm die Werte vorliegen: allesamt provokant festgehalten in arabischen Ziffern.

DROGENDEMAGOGEN

Wollt ihr das totale Speed? Dass der Machthaber der ausgiebigen

Einnahme von Rauschmitteln nicht abgeneigt ist, zeigt sich bereits im Dritten Reich. Im Rausch wird man einfach lockerer, man findet leichter Anschluss. Der Drogenkonsum von Nazis führt mitunter auch zu Missverständnissen: Bauen wir einen Ofen? Diktaturen neigen generell zu Drogen. Warum sonst sind heute noch ausgerechnet im arabischen Raum derart viele Menschen stoned?

ERLEICHTERUNG

Zu Pfingsten begibt sich der Österreicher gerne auf Bildungsreise ins Ausland. Dies hat auch den Vorteil, dass man sein flüssiges Ausscheidungsprodukt, welches sich bei den abendlichen Besprechungen und Verkostungen auf derartigen Exkursionen zusammensammelt, dort hinterlassen kann und nicht in der schönen Heimat. Man will sich schließlich nicht die eigenen Berge schmutzig machen.

Die italienische Polizei der Stadt Lignano hat an einem dieser Pfingstwochenenden in einem Akt ungeheuerlicher Österreichfeindlichkeit dreizehn solcher Gäste angezeigt und aus der Stadt verbannt. Offizieller Grund: Trunkenheit und öffentliches Urinieren. Geht's noch? Österreicher urinieren an der nördlichen Adria und werden dafür bestraft? Dies empört zu Recht auch die Familie Habsburg: Man wird doch noch das eigene Revier markieren dürfen. Liebe italienische Ausländer, ein bisschen mehr Verständnis, bitte! Die Bewohner von Binnenländern haben eben ein anderes Verständnis von Schiffen.

FORTBEWEGUNG

Besonders im ländlichen Raum prägt den Österreicher ein gesundes Bewusstsein, was seine Fahrtüchtigkeit unter Alkoholeinfluss betrifft. Im Falle einer Überdosierung ist sein Heimkommen vom Ort der Feuchtfröhlichkeit stets verantwortungsbewusst gewählt. Er lässt das Auto stehen. Und nimmt den Traktor.

GLASMASS

Der Österreicher trinkt Alkohol aus einem kleinen Glas, im Osten gerne als Glaserl bezeichnet. Die übersichtliche Größe des Gebindes vermittelt ihm das Gefühl, genügend Distanz vor gefährlicher Überdosierung zu wahren. Darüber hinaus nimmt der Österreicher immer nur die aktuelle Mengeneinheit in die Zählung auf. Nach dem fünften Glas Wein trinkt der Österreicher nicht sein sechstes Glas, sondern erneut ein (!) Glaserl. Ein Glaserl hat noch niemandem geschadet. Im Gegenteil, es ist sogar gesund. Der Österreicher achterlt auf sich!

Neuere Studien versuchen diesen gesundheitsbewussten Zugang nun bewusst in Frage zu stellen. Der moderate Alkoholkonsum sei doch nicht so gesund wie angenommen. Der Österreicher reagiert gelassen: Finger weg von moderatem Alkoholkonsum!

HUMORBEFREIUNG

Vorurteile, dass der Österreicher ohne Alkohol nicht lustig sein könne, sind grundlegend falsch: Natürlich kann er ohne Alkohol lustig sein. Aber nicht fett.

IRRGLAUBE

Wer meint, die österreichische Politikerin Ursula Stenzel beziehe sich mit einem von ihr in Wahlanalysen gerne verwendeten Fachbegriff auf eine von ihr praktizierte, durch eine Vielzahl vergorener Apfelsäfte ausgelöste moderne Form des Silly Walks, irrt. Schwankungsbreite bleibt Schwankungsbreite.

JAGDWURST

Ich geh zum Fleischhauer, ich hol mir den Tod. In einer Hetzschrift der sogenannten Weltgesundheitsorganisation werden Schinken und Wurst, die beliebtesten Gemüsesorten des Österreichers, als krebserregend eingestuft. Landen Wurstwaren nun im Drogenregister, wird Jagdwurst kriminalisiert?

Eine Leberkässemmel, bitte! Ausweis! Die gefährliche Wurstplatte muss als solche deklariert sein: Todesteller, im Ausland Morta-Teller. Lediglich radikale Salamisten des illegalen Bündnisses Pro Schutto treffen sich geheim im Räucherhof und verzehren unter der Hand geschmuggelte Karree-Pakete. Gibt es ein Leben nach der Wurst?

KLEINFORMAT

Das Stifterl, eine etwas zu klein geratene Weinflasche, ist vergleichbar mit dem Glaserl. Das Glaserl für die Reise, das Glaserl to go. Doch klein heißt nicht unbedingt billig. Das mit Abstand teuerste und wertvollste Stifterl der Republik stammt aus Niederösterreich und ist benannt nach einem ehemaligen Landeshauptmann.

Jahrelang war das Doktor-Erwin-Pröll-Privatstifterl gut im Weinkeller seines Besitzers gelagert, wobei es jederzeit von jedermann getrunken hätte werden können. Handelte es sich doch schließlich um ein gemeinnütziges Stifterl. Deshalb wollte die niederösterreichische Landesregierung auch mehr als eine Million Euro an Landesfördermitteln für das kleine Flascherl bereitstellen, wäre es letztlich nicht einer vor Liebeskummer zitternden Weinkönigin aus der Hand gefallen und zerbrochen.

LEBENSGEIST

Vorsicht beim gemeinschaftlichen Gruppenrausch! Es wird dringend empfohlen, im Vorfeld jeder Geburtstagsfeier, Scheidungsparty oder auch vor dem Leichenschmaus von jedem der teilnehmenden Trinker eine eidesstattliche Erklärung einzuholen. Die Gruppe muss sich zu hundert Prozent darauf verlassen können, dass keines der Mitglieder sich hinsichtlich Menge und Dauer Ausbrüche in den Minusbereich erlaubt. Der geheime Nichttrinker löst im Nachhinein massive soziale Unruhen aus. Das gefährliche am Schläfer der Wirtshausrunde: Er ist der eine, der sich am nächsten Tag an alles erinnern kann.

MYRRHEMASSAKER

Der Bahnhofsklatscher liebt sie und er schreckt in seinem Willkommenswahn nicht einmal davor zurück, die Droge auch Kindern zu verabreichen. Kaum wird irgendwo in einem abgelegenen Stall ein arabisches Kind geboren, tanzt schon ein dreiköpfiges Personenkomitee einer fragwürdigen NGO an und überschüttet das beklatschte Neugeborene mit Gold von unserem Steuergeld, mit Weihrauch zum Abheben und mit Myrrhe, um danach wieder runterzukommen. Keine Macht den Gaben!

NATIONALGETRÄNK

Während das bestialische Ausland seine Stiere immer noch in großen Arenen so lange mit Matador-Spielwaren bewirft, bis sie qualvoll zu Tode kommen, werden österreichische Bullen liebevoll mit der Haushaltssaftpresse bearbeitet und in kleinen Dosen abgefüllt. Das darin enthaltene Taurin wirkt leistungssteigernd und erfreut sich im In- und Ausland unter dem Namen Red Bull höchster Beliebtheit. Wie neuerdings bekannt wurde, finden selbst IS-Terroristen großen Gefallen daran. Das kluge Unternehmen reagiert schnell und adaptiert seine strategische Planung. Der heimische Exportschlager sponsert künftig nicht nur Motorsport und Fußball, sondern im Islamischen Staat auch die nationale Köpfball-Liga. Bombenstimmung garantiert. Red Bull verleiht Prügel.

OBSTWEIN

Ohne Drogenrausch in Jugendjahren hätten die heute erwachsenen Österreicher nicht dafür sorgen können, dass spätere Generationen das Licht der Republik erblicken. Zur Zeit, als die großen Ferien nach dem elterlichen Potpourri aus Dreiwettertaft, Vanillebaum und Johnny Filter im Auto rochen, schmeckte bundesweit jeder erste Zungenkuss gleich. Nach Ribiselwein, der Einstiegsdroge einer ganzen Generation. Lediglich die sozial schwächeren griffen im Supermarkt zu einer Kaste weiter unten, zu Erdbeerwein. Die sozial stärkeren griffen gar nicht zu Obstwein. Er war ihnen zu minder. Sie gelten bis heute als ungeküsst.

POTENZPROBLEM

Alkohol ist Balsam für die Balz, aber Gift fürs Testosteron. Die Folge: Potenzprobleme. Um die Diskrepanz zwischen Durst und Nachwuchsbremse auszugleichen, sind Samenspenden unumgänglich. Das Bundesland Kärnten verzeichnet diesbezüglich vermehrt einen Engpass, was dazu führt, dass man Samenspenden aus dem ausländischen Dänemark importieren muss. Dies wird zur Folge haben, dass der genetische Dänenanteil in Kärnten massiv ansteigt: Do wern donn holt aus senen Dänen.

Bleibt die Frage, warum es denn ausgerechnet in Dänemark so viele Samenspender gibt. Dort gilt dieses Handwerk eben noch als angesehener Beruf: Unser Ole studiert in Kopenhagen und wird Samenspender.

QUINOASALAT

Quinoa, die Lieblingsdroge des Gutmenschen, muss eine berauschende Wirkung haben. Der Geschmack an sich wird kaum als Alleinstellungsmerkmal gehandelt werden können. Quinoa ist eine

Pflanzenart aus der Gattung der Gänsefüße in der Familie der Fuchs-schwanzgewächse. Klingt wie Vogelfutter, schaut aus wie Vogelfutter, schmeckt wie Vogelfutter. Vogel, friss oder stirb? Hoffentlich gibt es ein Leben nach dem Tod.

REKRUTENDEALER

Vor einigen Jahren kam der Verdacht auf, dass in einer Kaserne des österreichischen Bundesheeres mit Rauschmitteln gedealt wird. Eine staatliche Institution handelt mit Waffen und Drogen? Das geht zu weit. Nicht einmal im ausländischen Kolumbien sind diese Branchen verstaatlicht. Andererseits: Was soll das österreichische Heer auch schon anderes tun? Die sonstigen Einsatzgebiete gestalten sich über-sichtlich. Kein Krieg, kein Terror, kein Schnee mehr im Winter, und selbst die Hundstrümmerl räumt sich der umsichtige Österreicher heute schon selbst weg.

SPERRSTUNDE

Der ordnungsgemäße Verlauf eines gepflegten Rausches ausge-löst durch Alkohol ist dem Österreicher in die Wiege gelegt. Er beginnt mit der Suche nach einem guten Grund und endet mit dem Krankenstand.

Vorsicht ist geboten. Der Arbeitgeber neigt gerade montags oder freitags gerne zu Misstrauen. Am Ende ist der Arbeitnehmer ja gar nicht wirklich verkatert, sondern lediglich selbstverschuldet verkühlt. Erhebungen eines Marktforschungsinstituts zeigen, dass die beste Zeit, sich krankzumelden, der Dienstagmorgen ist. Oder wie der Wiener Altbürgermeister Michael Häupl sagt: am Ende der Arbeitswo-che. Punktgenau berechnet ist der Idealzeitpunkt dienstags um sechs Uhr achtunddreißig.

Der Österreicher hat diese Erkenntnis längst verinnerlicht: Herr

Ober, Sie können jetzt um sechs Uhr unmöglich Sperrstunde machen. Bringen S' mir lieber noch einen Spritzer, ich kann erst in einer halben Stunde in der Firma anrufen.

TAFELKREIDE

Der missbräuchliche Verzehr der legalen Droge Kreide gehört in Österreich vor allem bei Politikern des rechten Spektrums zum Tagesgeschäft. Der freiheitliche Multifunktionär und einstige Präsidentschaftskandidat Norbert Hofer zeigt zweitausendsiebzehn in zahlreichen Fernsehsendungen vor, wie wirkungsvoll sie doch ist. Ein durch Kreide sedierter Kandidat legt einen milden, unschuldigen Umgangston an den Tag und vermittelt dem Österreicher neu gewonnene Friedfertigkeit. Norbert Hofer gibt den netten Mann von nebenan, der bei den Heiligen Drei Königen schon gerne auch einmal der Neger war, der Zigeunerschnitzel mag und heute einen wesentlich zahmeren Kurs fährt als seine politischen Weggefährten: Ausländer sollen zur Deportation mitunter sogar ein Lunchpaket erhalten.

UHUDLERSCHWARZMARKT

Hiobsbotschaft aus dem Südburgenland: Bangen um den Uhudler. Getrieben von Neid und Missgunst, wollte das Bündnis Eh-alles-nur-Ausländer United, kurz EU, das grundlegendste Grundnahrungsmittel des gemeinen Südburgenländers ein für alle Mal verbieten. Seitdem war der Inländer Rum unter den Weinen nur noch am Schwarzmarkt erhältlich: Brauchst du Uhudler, Oida?

Erst nach einem langen, unerbittlichen Kampf Südburgenland gegen EU (im Südburgenland bedingt durch eine umfassende Zeitverschiebung auch bekannt als Erster Weltkrieg) herrscht endlich wieder Einigkeit und Frieden. Der Uhudler ist wieder legal. Monatelang war die Situation um den Uhudler unklar, was zu einem ungeheuerlichen

Stau geführt hat. Nun müssen Tausende Burgenländer Unmengen nachtrinken.

WAHLABSTINENZ

Bis neunzehnhundertneunundsiebzig war der Alkoholausschank am Wahltag hierzulande verboten. Mittlerweile weiß man, dass der Österreicher sein Handeln gut im Griff hat. Er geht auch ohne Alkohol nicht wählen. Umfragen zeigen, dass ein Drittel der Wahlberechtigten der Meinung sind, dass Wahlen nichts verändern. Gerade dieser Personengruppe sollte sich die Politik annehmen, ihre Sorgen ernst nehmen und sie zur Wahl zerren. Zum einen ist es für viele die einzige Möglichkeit, einmal einen Kugelschreiber in der Hand zu halten. Zum anderen hat schließlich jeder das Recht, einmal im Leben eine Schule von innen zu sehen.

VIAGRAKIND

Seit neunzehnhundertachtundneunzig ist die genderresistente Droge Viagra auf dem Markt, ein Mittel gegen Erektionsstörungen. Mittlerweile sind die Kinder der ersten Viagra-Generation erwachsen. Und sie können sich sehen lassen: standfest, aufrecht, hart wie Krupp-stahl.

X-CHROMOSOM

Schlechte Zeiten für Genderwahnsinnige mit Legalize-it-Syndrom. Eine Untersuchung konfrontiert Kiffer und Nichtkiffer mit derselben Prüfung. Das bahnbrechende Ergebnis: Kiffen macht dumm. Das interessante Detail: Frauen scheinen davon besonders betroffen. Jene, die vor dem Test einen gepflegten Joint genossen haben, schneiden dabei um mehr als fünf Prozent schlechter ab, kiffende Männer darü-ber hinaus besser als kiffende Frauen.

Bleiben zwei Fragen offen. Erstens: Wie fühlt man sich als Nichtkif-fer, wenn neben dir jemand total paniert dieselbe Prüfung schreibt und nur um fünf Prozent schlechter abschneidet und demnach zu fünfundneunzig Prozent mit dir mithalten kann? Und zweitens: Wie bekifft waren die, die diese Studie in Auftrag gegeben haben?

YOGAFETTN

Im Vorzimmer ist alles vollgekotzt, Mama war beim Yoga. Eine revo-lutionäre Erweiterung der indischen Entspannungstechnik erobert das Ausland: Tequila-Yoga berauscht Körper und Geist. Vor den klassischen Yoga-Posen wird Hochprozentiges gekippt, um in die nötige spiri-tuelle Stimmung zu kommen. Ist das neu? Mitnichten. In Österreich ist die Verbindung von seltsamen Verrenkungen und Alkoholkonsum schon seit den Siebzigern bekannt, als ihr Erfinder Wolfgang Ambros das übliche Yoga-Angebot um eine Vielzahl heimatkompatibler

Übungen erweitert hat: der gekübelte Kater, der fette Radierer, Tequila Sun-Steiß, der große Reiher oder auch der hohe Spiegel. Das österreichische Konzept ist schnell erklärt: Zuerst zum Yoga saufen gehen, danach beim Wirten den inneren Frieden suchen. Das Schöne am Comeback dieser Praxis: Endlich erfährt der Alkohol wieder seine soziale Aufwertung. Das Weinviertel gilt heute als spirituelles Zentrum.

ZIGARETTENHEMMUNG

Und wieder ein genussfeindlicher Trend aus dem Ausland, dem der realitätsferne Landesvernaderer ungebremst Tür und Tor öffnet: vehementes Nichtrauchen. Der Nichtraucher, der naturfeindliche Stubenhocker, der beim Lokalbesuch nie an die frische Luft geht und für seinen Mundgeruch kein Alibi hat, gibt sich mit seiner Leidenschaft des Nichtrauchens aber nicht zufrieden. In seinen Nichtrauchpausen pappt er dem Raucher frech und ungefragt sogenannte Schockbilder auf seine Zigarettenpackung. Sein Ziel: Der Raucher soll nicht mehr zur Packung greifen. Falsch gedacht. Die grausigen Bilder schränken den Konsum nicht ein. Den fleißigen und tüchtigen Österreicher können diese Bilder nicht abschrecken. Da bräuchte es härteren Tobak: ein Flüchtlingskind, das gerade eine WhatsApp-Message von seiner Mutter in Syrien auf dem sündteuren Smartphone erhält. Das nämlich verursacht beim Österreicher Schnappatmung. Und mit Schnappatmung raucht es sich wirklich nicht leicht.

DIE ÖSTERREICHISCHE APOKALYPSE

»Ende gut, Österreich gut.«
William Shakespeare

Man soll aufhören, wenn es am schönsten ist. Und Österreich ist am schönsten. Daher wird es nicht ewig bestehen. Die Unvergänglichkeit der Vergänglichkeit, so wie eine Vielzahl an Mythen und Prophezeiungen lassen keinen Zweifel: Auch Österreich wird sein Ende finden. Freilich sind sich Wissenschaft und Religion über Zeitpunkt und Art der dräuenden Austrokalypse uneins, ein paar mögliche Szenarien bieten sich aber gut an.

ÖSTERREICH VERGLÜHT

Die Erderwärmung ist, wie eingangs beschrieben, nicht auf ein Fehlverhalten von Österreichern oder Ausländern zurückzuführen. Nein, nicht einmal die Flüchtlinge sind daran schuld. Höchstwahrscheinlich. Die Erwärmung heimischen und außerheimischen Staatsgebiets liegt bekanntlich an der Überhitzung des einstigen Eismarillenknödels namens Sonne (Quelle: Die Freiheitlichen, Ortsgruppe Grönland). Sie wird über kurz oder lang einen Hitzekollaps erleiden. Am schlimmsten trifft diese radikale Erwärmung naturgemäß den ideellen Mittelpunkt allen Geschehens, also Österreich. Dass die Fieberattacke der Sonne auf wissenschaftlichen Fakten beruht und keine Spinnerei von Verschwörungstheoretikern ist, haben bereits zweitausendacht erste Beobachtungen im Süden der Republik bewiesen. Damals ist die Sonne in Kärnten kurzerhand vom Himmel gefallen. Der genaue Zeitpunkt ist gut erfassbar, da im selben Moment auch die Uhren stehen geblieben sind. Dieses erste Anzeichen einer möglichen

Auslöschung hat Österreich zum Glück gut überstanden. Bis auf den Lebensmenschen des damaligen Kärntner Landeshauptmanns ist niemand zu Schaden gekommen. Er hatte das Pech, dass die Sonne ausgerechnet auf ihn gefallen ist, was aber bis auf dezente Farbveränderungen im Hautbereich kaum Spuren hinterlassen hat. Als Sachschaden ist lediglich ein VW Phaeton im Wert von neunzehn Milliarden Euro zu verzeichnen.

ÖSTERREICHISCHE SELBSTAUSLÖSCHUNG

Ein anderes mögliches Szenario des Österreichuntergangs sieht vor, dass ein schwarzes (wahlweise auch türkises) Loch mit rasanter Geschwindigkeit auf unsere Republik zurast. Eine derartige Kollision kann ein stabiles Konstrukt wie Österreich durchaus überstehen,

wenn nicht aus diesem Loch heraus etwa in der Höhe der Stratosphäre ein (mit einer Überdosis heimischen Tschapperlwassers abgefüllter) Extremsportler und Wirtschaftsflüchtling direkt auf das österreichische Staatsgebiet springt. Voraussichtliches Landeziel: Wien, Baumgartner Höhe. Die Gefahr hierbei besteht in erster Linie darin, dass besagter Sportler mit dem Kopf voraus landen könnte, sich dabei üble Gehirnverletzungen zufügt und davon beeinträchtigt die österreichische Bevölkerung mittels Verbalwucherungen in den Wahnsinn treibt. Die folgende Selbstauslöschung der österreichischen Bevölkerung gilt dann als alternativlos.

DER ORDINÄRE UNTERGANG

Andere Untergangstheorien sehen herkömmliche Abfolgen vor. Sie stammen aus der Unterrichtslektüre und sind somit den meisten Würdenträgern des derzeitigen österreichischen Herrscherregiments unbekannt, da sie weniger auf eine Schulbuch- als vielmehr auf eine Bilderbuchkarriere zurückblicken.

Das Kernöl wird knapp. In der österreichischen Atmosphäre kommt es zu einem überdimensionalen Anstieg der Leberwerte. Der Zwölfstunden-Arbeitstag bei gleichzeitiger Sechzig-Stunden-Woche führt zu einem Generalstreik der Bienenschaft. Das letzte Gefecht zwischen Auto- und Radfahrern fordert zahllose zivile Nordic-Walking-Opfer, denn eine Gesellschaft, die für den aufrechten Gang auf zwei Stöcke angewiesen ist, wird als inkarnierter Burgenländerwitz ihren Odem aushauchen. So steht es Geschriebenstein.

Religiöse Mythen verbinden die endzeitliche Vorstellung mit der Austrocknung der Ozeane. Die vorangehende Schließung der Meeresrouten erfolgt durch einen postpubertierenden Messias, das jüngste Gesicht (neusprachlich: Bundeskanzler). Die Postpubertät gilt in theologischen Kreisen generell als eine sehr kritische Epoche der männlichen Entwicklung. Für die Lenkung allen Daseins zu jung, für den Kontakt zum gemeinen Priester zu alt.

DIE ÖSTERREICHISCHE MISSIONIERUNG

Der Untergang selbst aber, er scheint unumgänglich. Vorläufig aufzuhalten ist er nur durch einen Zugewinn an Flächengröße und Einwohnerschaft. Auf den Punkt gebracht: Österreich vereinnahmt das gesamte ausländische Staatsgebiet.

Um dies ungestört über die Bühne zu bringen, wird sich die gesamte Ausländerschaft einer bedingungslosen Missionierung durch Österreich unterziehen müssen. Der Ausländer muss Österreicher werden. Echter Österreicher, guter Österreicher, überall.

Die materiellen Ressourcen dafür sind vorhanden. Aufgrund der manischen Marmeladenproduktion vorwiegend im ländlichen Raum wäre Österreich schon heute in der Lage, alle ausländischen Staaten umfassend zu ernähren. Mit Marmelade. Bislang ist dies leider daran gescheitert, dass der Österreicher sich damit plagt, die Marmeladengläser mehrsprachig zu beschriften. Außerdem steht der weltweiten Marmeladenvorratsversorgung durch den Österreicher und seine Mitgemeinte eine bei Weitem zu kleine Zahl an Obstpflanzenbestand im Bundesgebiet entgegen. Österreich, ein Volk ohne Baum.

Am Ende wird der Erdscheibenball, das soziale Konstrukt aus Österreich und Nicht-Österreich, kollektiv zur bürokratischen Skination, der Villacher Fasching zum Weltkulturerbe, das Atomkraftwerk Zwentendorf zum Weltwunder und der Rotwein überall mit Cola gemischt. Langfristiger Vorteil: Die Menschheit ist schließlich schick genug adjustiert, dass sie in Jogginghose und Crocs dazu bereit wäre, endlich auch Außerirdische zu empfangen.

Wenn aber das gesamte Ausland in österreichischer Hand ist, muss sich der Erdball nach heimatlicher Tradition einen gemeinsamen starken Mann suchen. Dafür kommt in dieser Größenordnung natürlich nur einer infrage: Ein kleiner Gott g'hörert wieder her. Allerdings muss unter der Regentschaft von Gott auch das Österreichische Testament umgeschrieben werden: Wir Österreicher waren an der Schöpfung nicht beteiligt. Wir waren das erste Opfer.

EPILOG

(Freundlicherweise zu Verfügung gestellt vom lieben Gott)

Liebe Leut in Österreich!
Nein, ich bin nicht bös auf euch.
Tröstet euch und kommt einher,
hab eh grad kurz Parteienverkehr.

Ihr seht euch als das Überdrüber.
Anders sieht's das Gegenüber.
Dort seid ihr, das wär ja was,
nicht einmal ein Lercherlschas.

Doch ihr habt recht, sie irrt, die fremde
Herde, ihr seid Mittelpunkt der Erde.
Wird das Zentrum des Planeten
doch durch Österreich vertreten.
Der Rest: von Haus aus Blender
und allesamt Ausländer.

Ich war es, der euch geschaffen
hat aus Lehm und bisserl Affen.
Und ihr seid gut, ich will euch stärken,
soll's endlich auch der Rest bemerken.

Die Finnen protzen wegen Pisa,
Wichtigtuer, blöde Gfrieser.

Mit G'scheitsein kannst ka Zukunft machen,
und ihr könnts dafür andere Sachen.

Teilt recht herzig Bett und Vase,
seid mittelgut in Rettungsgasse.
Thujen pflanzen, Gelsen pracken,
in Liedern auf die Töchter kacken,
Homowitze, Neger sagen,
da seids spitze, kannst nicht klagen.

Nun mein Appell: Passt auf aufs Land,
schaut niemals übern Tellerrand!
Nur nix ändern, seids d'accord?
Warum? Weil's immer schon so war.

S. 71 Meinl: neos.eu, Gebrüder Moped, Montage: Gebrüder Moped

S. 71 Pilz: Screenshot peterpilz.at, Bearbeitung und Montage: Gebrüder Moped

S. 72 Facebook: Gebrüder Moped, Markus Mainka – stock.adobe.com, Montage: Gebrüder Moped

S. 74 Fuehrer: Gebrüder Moped

S. 77 Bandit: Pixabay, Montage: Gebrüder Moped

S. 79 Baumann: Gebrüder Moped, bundesheer.at / Pusch

S. 82 Herz: Gebrüder Moped

S. 85 Urne: mrkevvzime – stock.adobe.com, Iuliia Metkalova – stock.adobe.com, Montage: Gebrüder Moped

S. 87 Phantom: schemev – stock.adobe.com, Pixabay, Montage: Gebrüder Moped

S. 91 Job: Gebrüder Moped

S. 95 Krone: didecs – stock.adobe.com, Gebrüder Moped, Montage: Gebrüder Moped

S. 100 Wanze: Gebrüder Moped

S. 101 Ansichtskarte: Gebrüder Moped

S. 103 Auto: Gebrüder Moped

S. 104 Zipfel: Gebrüder Moped

S. 109 Nimm 2: Syda Productions – stock.adobe.com, Pixabay, Montage: Gebrüder Moped

S. 110 Weltkrieg: Gebrüder Moped, Pixabay, Montage: Gebrüder Moped

S. 113 Problem: Sabphoto – stock.adobe.com, Gebrüder Moped, Montage: Gebrüder Moped

S. 116 Uhr: Gebrüder Moped

S. 118 Kalif: Khorzhevska – stock.adobe.com, Montage: Gebrüder Moped

S. 129 Vilimsky: Onionastudio – stock.adobe.com, Montage: Gebrüder Moped

S. 133 Baumgartner: photka – stock.adobe.com, oliman1st – stock.adobe.com, Pixabay, Montage: Gebrüder Moped

S. 135 Strache: Foto und Montage: Gebrüder Moped

Satire bei Milena

Gebrüder Moped
WAS MACHT DER KANZLER EIGENTLICH BERUFLICH?

Welche mediale Leere es bedeutet, wenn Niki Lauda krank ist; warum Andreas Gabalier auf sein japanischen Wurzeln stolz ist und weshalb der Wiener den Niederösterreicher fürchten muss, erklären die beiden Kabarettisten Gebrüder Moped in ihren Texten und scheuen dabei weder Seitenhieb noch Gnackwatschn. Die Politlandschaft wird ebenso schonungslos analysiert wie die Unterhaltungsmaschinerie, und sogar die Religion muss sich so einiges gefallen lassen – zu Recht und mit Witz, versteht sich.

Und was tausend Worte nicht zu sagen vermögen, wird durch Bilder ausgedrückt: Das Buch versammelt ihre besten und lustigsten gefakten Werbe- und Wahlplakate, Ortsschilder und illustratives Gaudium jeder Art.

ISBN 978-3-902950-390   2. Auflage!
und als E-Book in allen einschlägigen Stores erhältlich

Satire bei Milena

Hydra
HOW TO BE ÖSTERREICH
Der Werteguide für Integrationswillige

Dieses ABC unserer wichtigsten Werte – von Alkohol über Gemüt-lichkeit, Sportnachmittag, Tierliebe bis Zivilcourage – bietet Ihnen interessante Definitionen, viele bunte Bilder, das kleine Lexikon der österreichischen Vermögenswerte, ein schönes Gebirge zum Aus-schneiden und Selberbasteln und vieles mehr.

How to be Österreich ist eine patriotische Liebeserklärung an ein Österreich, das es nicht gibt. Mit 140 Seiten, die Ihnen interessante neue Definitionen unserer Werte bieten, vielen bunten Bildern sowie einem ultimativen Integrationsinkubator zum Ausschneiden und Selberbasteln. Plus dem kleinen Lexikon der österreichischen Ver-mögenswerte – denn wir lernen von den Besten!

ISBN 978-3-90295-085-7 3. Auflage!
und als E-Book in allen einschlägigen Stores erhältlich

Umschlag: Boutique Brutale, www.boutiquebrutal.com
Druck und Bindung: finidr.cz
© Milena Verlag 2018
© 2. Auflage Milena Verlag 2018
A–1080 Wien, Wickenburggasse 21/1–2
ALLE RECHTE VORBEHALTEN
www.milena-verlag.at
ISBN 978-3-903184-26-8

Weitere Titel und unser Gesamtverzeichnis
finden Sie auf www.milena-verlag.at